# 孤独症儿童行为管理案例分析

图书在版编目（CIP）数据

孤独症儿童行为管理案例分析 / 郝晓燕等著；席家宁，公维军主编 . -- 北京 ：华夏出版社，2017.4（2023.12 重印）
ISBN 978-7-5080-9162-4

Ⅰ．①孤… Ⅱ．①郝… ②席… ③公… Ⅲ．①孤独症－儿童教育－特殊教育－行为控制－案例 Ⅳ．① G766

中国版本图书馆 CIP 数据核字（2017）第 055183 号

孤独症儿童行为管理案例分析

| 主　　编 | 席家宁　公维军 |
|---|---|
| 作　　者 | 郝晓燕　李蕴秋　张明法　白志华 |
| 责任编辑 | 黄　欣　张　平 |
| 出版发行 | 华夏出版社有限公司 |
| 经　　销 | 新华书店 |
| 印　　刷 | 北京华宇信诺印刷有限公司 |
| 装　　订 | 北京华宇信诺印刷有限公司 |
| 版　　次 | 2017 年 4 月北京第 1 版<br>2023 年 12 月北京第 4 次印刷 |
| 开　　本 | 880×1230　1/32 开 |
| 印　　张 | 4 |
| 字　　数 | 72 千字 |
| 定　　价 | 30.00 元 |

华夏出版社有限公司　地址：北京市东直门外香河园北里 4 号　邮编：100028
网址：www.hxph.com.cn　电话：（010）64618981
若发现本版图书有印装质量问题，请与我社联系调换。

# 前言

未待《孤独症儿童早期干预训练手册》搁笔，几位作者就开始议论，若再提笔，就写写孤独症儿童的日常行为管理方面的题材。平日里与家长们深入交流最多的就是：孩子为什么不能安静地坐下来做手工？为什么稍稍不如意就大哭大闹发脾气？为什么在闲来无事时常常自言自语？面对孩子的诸多"问题"，很多时候家长们只是被动应战，结果往往反而使孩子的情绪问题升级，家长们更为焦虑，最终不是知难而退，就是破釜沉舟。所以，写一本案例集真有点"不是雪中须送炭，聊装风景要诗来"的味道。

以上简单地说一下写这本书的缘由，接下来再聊一聊写这本书的意旨。何为孤独症儿童的日常行为管理？最重要的莫过于增加期望的正性目标行为，减少或消除负性目标行为。行为分析的一个基本原则就是：行为必须合情合理，不管它恰当与否，它的出现是受不同的情境控制的，或者说是情境变量的作用。应答行为是由触发刺激引起的，操作行为是由前提和后果所组成的三阶段的强化和惩罚控制的。功能评估就是收集与发生问题行为有关的前提和后果的过程。评估结果有助于推断问题行为发生的原因。本书通过与家长们晤谈、问卷调查，通过直接观察、客观记录问题行为，再通过功能分析，制定切实可行的干预方案。

　　正如有一千个读者眼里就有一千个哈姆雷特，每个孤独症儿童的症状表现各有不同，所以此书能给予读者的最大裨益，应该就是一份启示。尽管四位作者都在孤独症儿童教学领域摸爬滚打十年有余，所积累的经验毕竟有限，含羞写作此书，只是为了却自己的一桩心愿。如有纰漏之处，敬请各位读者斧正。

# 目 录

## 第一章　感官刺激 ................001

自言自语 ......................... 003
扔东西 ........................... 005
吮手指 ........................... 008
依次摆放卡片 ................... 010
反复敲击东西 ................... 011
看旋转灯和电子屏幕 ........ 013
左右晃动身体 ................... 015
摆弄丝带扭动身体 ............ 017
发出"哼哼唧唧"的声音... 018
敲打着地板听声音 ............ 020
晃手同时嘴里发出声音 ..... 021
揪着自己的胳膊使劲咬 ..... 023

## 第二章　获取实物 ................025

要东西、打人 ................... 027

1

推人 .................................................. 030

哭闹并打自己的头 ............ 033

哭闹打滚要东西 ................. 036

掀翻东西、哭闹 ................. 038

哭闹并躺在地上打滚 ........ 040

打小朋友 ............................. 041

打老师 ................................. 043

## 第三章　引起关注 ................ 047

边哭边挠自己 ..................... 049

扔玩具 ................................. 050

吐水 ..................................... 052

边哭闹边看着小朋友 ........ 054

家长打电话时不停打断 ..... 055

哭喊 ..................................... 057

开关灯 ................................. 058

跑走 ..................................... 060

推小朋友 ............................. 061

吵闹、掀翻书本 ............... **063**
往墙上粘贴作品 ............... **064**
哭闹 ............... **065**
边对妈妈笑，边强行
　关电脑 ............... **067**
吐口水 ............... **069**
扔玩具 ............... **071**

## 第四章　逃避行为 ............... **073**

用下巴压手背并且头部
　颤抖 ............... **075**
用手堵嘴巴 ............... **076**
不进教室、哭闹 ............... **078**
尖叫打滚 ............... **080**
号啕大哭 ............... **081**
扔铅笔、揉纸团 ............... **083**
瞪大眼睛笑着看老师 ........ **084**
找托词、不做任务 ............ **086**

3

打滚、咬人 ..................... **088**

发脾气、掀翻东西 ............ **089**

扔东西、哭闹 ..................... **091**

用手连续击打头部 ............ **093**

哭闹、不拿勺子吃饭 ........ **095**

前后晃动椅子 ..................... **097**

躺在地上打滚 ..................... **098**

尖叫、甩手和打滚 ............ **100**

哭闹和用手抓老师的脸 ...... **102**

## 第五章　其他行为 ................**105**

公共场合行为不当 ............ **107**

只喜欢玩小汽车 ................. **110**

语言理解能力差 ................. **113**

哭闹并使劲抓自己的手 ...... **117**

# 第一章　感官刺激

## 自言自语

**姓名：乐乐　　性别：男　　年龄：4 岁**

**行为描述**：乐乐家里有许多各种各样的玩具，但他总是喜欢抱着一个毛茸茸的小熊玩具，从来不动别的。妈妈用过各种方法，在他的眼前演示怎样玩别的玩具，想引起他的兴趣，如：敲音乐琴、搭积木、扔球、转光电陀螺……但他看都不看一眼。妈妈拿起某个玩具递给他时，他就用小手推开。他总是自己摆弄玩具小熊，自言自语地说"吃饭了""一起玩""滑滑梯""摔倒了"……当有人从他的手里把小熊拿走时，他就伸出小手说："给你，给你。"

**功能假设**：我们对乐乐的这种行为进行了功能分析，假设乐乐每天总是抱着同一个毛绒玩具，并说同样的话，而对其他所有的玩具都视而不见，那么这种行为的强化物应该是他的某些感官在行为发生时得到的愉快感觉。如：手触摸到这个毛绒玩具时的质感，重复听到自己说话的声音带给自己的听觉刺激，拿着毛绒玩具时做出的重复性动作……为了验证这一行为的功能假设，我们连续一周做了行为记录量表，并进行了各种评估与测试，如：变换外形一样而材料质地不一样的小熊，记

录乐乐每次玩耍时出现的语言和动作的频率……通过记录我们发现，他对玩具小熊的制作材料和质地的选择非常苛刻，只挑选他平日里玩的那种材质，而对用其他材料制作、外形一样的小熊，摸一下就会推开。每次玩耍时所说的语言也非常单一，只有那几句"吃饭了""一起玩""滑滑梯""摔倒了""小熊摔倒了"。玩耍时的动作也非常固定，如：把小熊平放后再拿起来，说"摔倒了"，平推着小熊说"滑滑梯"，拿着小熊抖一抖说"一起玩"。由此可以推断，乐乐只玩这只小熊，是由感官刺激引起的刻板行为。

解决方案：兴趣面狭窄、行为重复刻板是孤独症儿童普遍存在的特点之一。对于乐乐用同一种模式、只玩一种玩具且目的是寻求感官刺激的行为，我们首先尝试用功能替代的方法，与此同时，塑造他对其他物品的操作能力，扩展他玩玩具和物品的种类，增强他的兴趣，提升他的游戏能力，促进他的语言和社交能力的发展。

1. 找到功能相似的替代行为。老师参与乐乐的活动，和他一起玩小熊，并引导他到一个滑梯旁边玩。当老师拿到小熊时，把小熊沿着滑梯的扶手自上而下地迅速滑下，并说"滑滑梯了"，乐乐也不由自主地附和着说"滑滑梯"。一瞬间，小熊自上而下地滑到了乐乐手里。乐乐非常开心，主动把小熊递到老师的手里，看着老师说"滑滑梯"。老师马上接过小熊，重复以上动作，乐乐笑得"咯咯"的，开心极了。这样的活动让乐乐充分体验到与人互动的快乐,"滑滑梯"的语言也有了实际的意义。之后,他只要说"滑滑梯",就会拿着小熊主动找老师一起玩。

2. 在游戏活动中增加互动式语言。当乐乐熟悉了"滑滑梯"这样的活动后,我们可以把小熊放在高处,问乐乐:"要滑吗?"教他说"滑",只要他说"滑",我们就立即把小熊滑下,让小熊落到他的手里。这样的活动也让乐乐十分开心。之后,我们再加入不同的语言指令:滑到手里,滑到头顶上,滑到胳膊上,滑到肚子上……再变换各种不同的游戏规则,如:数1、2、3,当数到3时滑下来;说不同的词,说到某个单词时就滑下来,如说"请小熊下来吃苹果",当说到"苹果"时,滑下小熊;或角色转换,我说"乐乐拿着小熊",乐乐说"我拿着小熊"……

## 扔东西

**姓名:冰冰　　性别:男　　年龄:4 岁**

**行为描述:**冰冰是个非常可爱的男孩,长得胖嘟嘟的,由爷爷奶奶照顾,长到3岁。无论是家里的亲戚还是社区里的叔叔阿姨,都很喜欢逗他玩。小时候,他总是喜欢把东西从床上、桌子上或柜子上扔到地上,当别人捡起来给他时,他会再次扔出去,并且会"咯咯"地乐。家人都觉得和他做这样的游戏会给他带来极大的快乐,并没有太当回事。冰冰3岁半时,开始

了幼儿园生活。几个月后，老师发现，冰冰经常会把各种玩具扔出去，有时会在用餐后把小勺扔向各个地方，有时甚至会扔同桌小朋友用餐的小勺。老师多次制止都无效，只好告诉家长，请家长配合教育。但随着时间的推移，老师和家长的共同教育并没有显现出太好的效果。无论老师如何讲道理，家长如何训斥，冰冰扔东西的行为都没有任何改善，扔东西的频率有增无减。据老师反映，冰冰在幼儿园里基本不参与集体游戏活动，对老师的指令大都没有反应。大多数时间自己单独待着，只要手里拿到东西就会扔出去。尤其是当小朋友在玩桌面拼插类的玩具时，往往需要一个老师专门看着他，否则他会不停地把桌上的积木和插件一个个扔出去，有时甚至会打到其他小朋友。由于他不听指令，很多时候都需要一位老师专门辅助他，给集体教学带来很大的麻烦。

**功能假设**：我们对冰冰扔东西的行为进行了观察和记录，发现冰冰对幼儿园大多数玩具都不感兴趣，无论什么东西，只要可以拿到手里，基本上都会把它扔出去。他对所扔东西的种类并不挑剔，大都是日常用品和小型玩具，如：乐高积木块、小勺子、毛绒玩具……通过仔细观察，我们还发现，冰冰很少参与同伴的游戏，老师组织的游戏和小朋友喜欢的拼插类玩具他也都不喜欢。只有在扔出东西时，他才会表现出非常开心的样子。他会直直地盯着扔出的物品，有时甚至会站到小椅子上看着扔出的物品落下。据老师和妈妈反映，他更喜欢把东西从高的地方扔下去（如：从楼梯上或高台上）。他会一直盯着扔出的物品落下，显得非常开心。通过对行为的观察记录进行分析，我们基本确认，冰冰扔东西是一种自我感官刺激的行为，兴趣面狭窄导致他不喜欢参与小朋友的游戏活动。同时，他在社交、语言沟通方面也与同龄小朋友有差距。感知觉异常使得他的注意力、听觉技能等方面都存在障碍。

解决方案：兴趣面狭窄、行为重复刻板是孤独症儿童普遍存在的特点之一。我们和冰冰的老师及家长一同制定了以下干预策略，以帮助冰冰逐步减少扔东西的行为发生的频率。

1. 尝试用功能替代的方法，引导冰冰对语音作出反应。由于扔东西可以带给冰冰感官上的愉悦，我们要引导他把软积木扔进整理箱，然后在扔软积木的过程中逐步加入一些规则。例如：用躯体进行控制，约定数到"3"时扔积木入箱；控制所有软积木，请冰冰按照老师或家长的指导语选择颜色、形状和种类相对应的积木扔入箱子……经过一段时间的干预，冰冰听指令的能力有所提升，开始享受与他人一起活动的乐趣了。

2. 用塑造的方法，增强冰冰对各种玩具的操作和把玩能

力，扩展他的兴趣面，提升他的游戏能力。在开始冰冰喜欢的活动之前，加入少量学习把玩新玩具的活动，如拼插乐高玩具。接触一种新的玩具或用新的方法玩玩具，对儿童都是一种挑战。刚开始介绍乐高拼插玩具给冰冰时，我们会手把手地、全躯体辅助他把两块事先准备好的插块拼插在一起。这一操作快速简单，对冰冰来说没有任何难度。完成这一步骤后，就可以和他一起进行他喜欢的活动。随着冰冰的拼插熟练程度的提高，老师和家长可以渐渐减少对他的辅助。很快冰冰就可以独自把插块拼插好了。之后，由易到难，逐步加入引导和练习，冰冰慢慢喜欢上了拼插乐高积木的活动，可以安静地和小朋友一起拼插一些简单的物品了。

经过一段时间的干预，冰冰扔东西的行为减少了，也能够听从老师的一些简单指令，老师和家长都感到他有进步。

## 吮手指

**姓名**：飞儿　　**性别**：女　　**年龄**：6岁

**行为描述**：在课堂上，老师让小朋友给卡片上的人物命名。

飞儿看到桌上摆放的卡片，就会不自觉地吮手指。但是在她做自己喜欢的涂色活动时就不会吮手指，在她比较熟悉的环境和人群中，她也极少有吮手指的行为。

**功能假设**：老师对飞儿的这种行为进行了功能分析，假设飞儿吮手指行为的前提是看到桌上摆放的卡片，其强化物是摆放的卡片引起的自我刺激。为了验证这一假设，老师在飞儿面前的桌子上摆放了几张卡片，要求她命名。过了一会儿，她就开始吮手指。如果老师把卡片拿走，飞儿这一天吮手指的行为就极少出现。由此可以推断出自我刺激是飞儿吮手指的强化物。

**解决方案**：兴趣面狭窄、行为重复刻板是孤独症儿童普遍存在的特点之一。飞儿吮手指是以感官刺激为目的的行为，我们首先尝试用功能替代的方法，与此同时，塑造她对其他物品的操作能力，扩展她玩玩具和物品的种类，增强她的兴趣，提升她的游戏能力，促进她的语言和社交能力的发展。

1. 老师要减轻儿童的恐惧感，使他们获得安全感，缓解紧张和焦虑的情绪。可以先给儿童布置他们感兴趣的任务，鼓励他们，再及时给予强化物，让儿童获得满足感、成就感，再由易到难地给儿童布置任务。儿童有了自信，就不会出现吮手指这一行为。

2. 可以在飞儿可能吮手指的情境中，给她戴上分指手套。根据以往的情感体验，她感到害怕时也会吮手指，而戴上分指手套后，即使她吮手指，也得不到以前那样的满足感。多次重复后，吮手指行为的出现频率就会降低，直到彻底消失。

3. 老师发现儿童紧张时，要教儿童使用功能性的语言，例如说"我不会"，及时表达自己的意愿。

4. 老师在课前对儿童要有详实的了解，给儿童布置的任务应该是适合他们能力的，这样就不会出现自我刺激的行为。

## 依次摆放卡片

**姓名：涵涵　　性别：男　　年龄：5岁**

**行为描述**：下课了，孩子们有的喝水，有的玩玩具。涵涵坐在桌前，手里拿着一沓卡片，把第一张卡片拿出来放在这一沓卡片的最后面，依次往后放，一遍一遍地重复，聚精会神，但是他并不看卡片上面的图。

**功能假设**：老师对涵涵的这种行为进行了功能分析，假设涵涵重复放卡片的前提是下课了，其强化物是卡片滑过手指引起的摩擦刺激。为了验证这一假设，老师把一沓卡片放在桌上，然后就在涵涵身旁观察。只见涵涵马上拿起卡片一遍一遍地依次往后放卡片，直到老师把卡片拿走，不让涵涵翻了，涵涵也就不再翻了。由此可以推断，自我刺激是涵涵重复着依次往后放卡片的强化物。

**解决方案：**

1. 老师应当尽量拓宽儿童的兴趣面，让他们在更广阔的范围内体验不同的乐趣。制订一个丰富多彩的、结构化的活动计划，尽量通过大量的活动排除自我刺激的行为。

2. 通过对涵涵感知觉的评估，发现涵涵的触觉失调。对此，老师要给他提供不同质地的物品，即提供类似的但更可能被接受的有价值的触觉刺激、有效的介入，用其他触觉刺激物来取代。例如：洗手液、按摩油和振动器，或用粉末摩擦皮肤等。此外还可以提供一些结构有趣的东西让他去抓、去感觉、去触摸，如棉花球、干树叶等。

3. 通过进一步分析可知，当涵涵沉浸在手部触觉刺激之中的时候，就会对人缺乏兴趣。因此，老师要和儿童建立友谊，逐渐地让儿童扩大人际交往的范围，积累人际交往经验。

## 反复敲击东西

**姓名：媛媛　　性别：女　　年龄：5岁**

**行为描述：** 媛媛总喜欢躺在地上，表现出很享受、很舒服的样子，不想起来。当看到老师站在离她很远的地方时，

她会跑过去，用食指和中指交替着敲击老师衣服上的扣子，以及衣服上点缀的小金属配件，边敲击边把耳朵贴近认真听。老师下班时，经常见到媛媛趴在马路上的井盖上，用同样的方法敲击和倾听。

**功能假设**：老师对媛媛的这种行为进行了功能分析，假设媛媛敲击和倾听的前提是不同质地的物体的声音，其强化物是不同质地的物体的声音引起的自我刺激。为了验证这一假设，在她视线范围内并列出现两位老师，一位老师衣服上有扣子，还有金属配件点缀，另一位老师衣服上没有扣子和金属配件点缀。媛媛立刻贴近那位衣服上有扣子并有金属配件点缀的老师，又敲又听。由此可以推断，自我刺激是敲击和倾听的强化物。

**解决方案**：

1. 通过对媛媛感知觉中听知觉的评估，发现媛媛对金属的声音很敏感，也喜欢去触摸。老师和家长可以带着媛媛观察生活中她感兴趣的不同质地的物品，带她去敲击、体验。也可以适当参加一些游戏或活动，满足她相似的刺激需求，建立一个良性的切入点，以尽可能地让她在平和的环境中学习新的、良好的行为。

2. 如果找不到产生同类刺激的活动，可以引导她玩其他感

第一章 感官刺激

兴趣的活动,从而转移注意力。

3. 如果确实需要马上阻止媛媛的行为,可以轻轻地阻止,然后用身体作为辅助,把她引导到她应该去的地方。在此过程中,不要给她语言指令,不对话,目光不对视,不与她互动。

4. 当媛媛想去敲击的时候,如果不会使用正确的语言表达自己的意愿,老师要教她使用功能性的语言,例如说"我想听听""我想摸摸"。

5. 可以通过训练,提高儿童的自我控制和自我管理的能力,从而让儿童控制自我刺激的行为。

## 看旋转灯和电子屏幕

**姓名:**赫赫　　**性别:**男　**年龄:**5 岁

**行为描述:**妈妈带赫赫上街买东西,每次路过理发店时,他就不走了,眼睛一直盯着看理发店门口的旋转灯和电子屏幕并且很开心地来回蹦跳着。

**功能假设:**老师对赫赫的这种行为进行了功能分析,假设赫赫眼睛一直盯着看并且来

回蹦跳的前提是看见理发店门口的旋转灯和电子屏幕，其强化物是旋转灯和电子屏幕引起的自我刺激。为了验证这一假设，老师和妈妈一起带他到附近有电子屏幕的地方去观察。赫赫快到时就发现了电子屏幕，径直走过去盯着看，并且不由自主地蹦跳起来。老师带赫赫离开电子屏幕后，他就不再跳了。由此可以推断，自我刺激是他来回蹦跳的强化物。

解决方案：

1.通过对赫赫感知觉中视知觉的评估，发现他对移动的、有颜色的光线很敏感，喜欢去追视。老师可以给他感觉差不多的替代物，来替换现在的行为，如：让他看不同的、变换的色彩光线图。同时适当参加一些游戏和活动，如目光追随泡泡的移动、操作万花筒等，满足她相似的刺激需求，建立一个良性的切入点，以尽可能地让赫赫在平和的环境中学习新的、良好的行为。

2.把赫赫所处的环境变得丰富多彩，如果环境太单一，孩子就会用自己的方式来给自己一些刺激。丰富环境的方式有：布置色彩鲜艳的墙饰，增加赫赫在多感官教室停留的时间，等等。

3.当赫赫看见旋转灯和电子屏幕的时候，不会使用正确的语言表达自己的意愿，因此，妈妈要教他使用功能性的语言，例如说"我想看看""我想摸摸"。

4.让赫赫运动起来。赫赫在进行剧烈的体育运动之后，自我刺激行为的频率就会有所下降。可以带赫赫去跑步、跳绳、跳舞等。

5. 老师还可以在赫赫看见旋转灯和电子屏幕而没有蹦跳的一瞬间给予他最强大的强化物（如巧克力），逐渐减少他专注地看旋转灯和电子屏幕的时间。

## 左右晃动身体

姓名：琪琪　　性别：男　　年龄：5岁

行为描述：活动中心走廊尽头的门是用锁锁住的，楼梯边的墙上安着声控灯。琪琪站在门口，看不远处墙上的声控灯，灯灭了，他就动一下锁，发出响声，声控灯就亮了，琪琪就会高兴地左右晃动身体，如此反复。

功能假设：老师对琪琪的这种行为进行了功能分析，假设琪琪左右晃动身体的前提是看见声控灯亮了，其强化物是声控灯亮了所引起的自我刺激。为了验证这一假设，老师和妈妈一起在琪琪身后观察他。琪琪站在门口看外面墙上的声控灯，灯灭了，他就动一下锁，发出响声，声控灯就亮了。这时老师马上带琪琪离开门口，他也就不再左右晃动身体了。由此可以推断，自我刺激是儿童左右晃动身体的强化物。

**解决方案：**

1. 理解问题依赖于感知、思维等综合能力。解决问题首先要理解问题。琪琪能通过观察发现声音与灯灭、灯亮的关系，实在可贵。老师要给他更多的实验和观察的机会，及时教他使用功能性语言，如"有声音，灯就亮了"。

2. 老师要告诉儿童的妈妈，在日常生活中多观察儿童，当看到儿童在主动探索事物时，要及时给予指导，教他们功能性的语言，并更多地激发儿童的好奇心。

3. 在现实生活中有重点地培养儿童，多让他们参与社会活动。

4. 经常带儿童接触大自然，激发他们的好奇心与探究欲望，如为儿童提供一些有趣的探究工具。妈妈要用自己的好奇心和积极性，感染和带动儿童，和儿童一起发现并分享周围新奇、有趣的事物或现象，一起寻找问题的答案。

5. 保护儿童探索的兴趣和动机。动机就是积极主动地探索事物的心理倾向，它能充分调动儿童的感知、记忆、想象、思维等功能，进入学习的最佳状态。

## 摆弄丝带扭动身体

**姓名：小毅　　性别：男　　年龄：5 岁**

**行为描述**：小毅和妈妈正在上精细课，任务是穿珠子。小毅拿着穿珠子用的细绳子的一头，上下摆弄着。老师立刻把珠子给他，让他穿珠子。但是穿了几个珠子后，小毅看到妈妈衣服上的丝带，就顺手拿起丝带的一头，又开始上下摆弄起来。平时，小毅只要看见绳子一样的东西，无论是充电器的电线还是妈妈的手提包带，都要上下摆弄一番。

**功能假设**：老师对小毅的这种行为进行了功能分析，假设小毅摆弄妈妈衣服上的丝带的前提是老师让他穿珠子，其强化物是引起妈妈的关注或逃避这一学习任务。为了验证这一假设，当老师让小毅穿珠子的时候，老师一直在他旁边看着。当他的视线准备从珠子上转移时，老师就不让他穿珠子了，这样，小毅就没有摆弄妈妈衣服上的丝带。由此可以推断，逃避学习任务是小毅摆弄妈妈衣服上的丝带的强化物。

**解决方案**：

1. 通过对小毅的精细活动的几项评估，发现小毅的手眼协调能力弱，手指上的小肌肉控制得不是很好。为此，老师调整了小毅穿珠子的数量，降低到穿五个珠子就完成任务。这样一来，小毅的注意力集中了，就不摆弄绳子了。

2. 为了使小毅穿珠子的数量增多，当穿到第六个时，妈妈就给小毅吃他最喜欢吃的薯片,鼓励他逐渐增加穿珠子的数量。

3. 当小毅不能坚持完成任务时,家长和老师要教他使用正确的语言来表达自己的意愿,例如教他说"珠子太多了,我不想穿"。

4. 如果老师在给小毅布置任务的时候,能对小毅的精细活动能力做个客观评估,给他安排适量的学习任务,就能避免他因为任务量大而导致的自我刺激的行为。

## 发出"哼哼唧唧"的声音

**姓名:小飒　　性别:男　　年龄:3岁**

**行为描述**:小飒自己一个人在旋转瓶盖、随意翻书或敲打积木的时候,嘴里都会发出"哼哼唧唧"的声音。即使爸爸妈妈用语言制止,他也停不下来。每天他自己一个人"玩"的时候或者和爸爸妈妈待在一起的时候,发出"哼哼唧唧"的频率比较高。

**功能假设**:老师对小飒的行为进行了功能分析,小飒几乎在任何时候嘴里都会发出

## 第一章　感官刺激

"哼哼唧唧"的声音，其强化物可能是引起关注，也可能是自我刺激。为了验证这一假设，当小飒自己一个人"玩"的时候，爸爸妈妈有意走过去，待在他的旁边。这时，小飒并不看爸爸妈妈，还是自顾自一个人"玩"，嘴里仍然会发出"哼哼唧唧"的声音。由此可以推断，小飒的行为功能并不是引起他人的关注，而是自我刺激。

解决方案：

1. 小飒的自我刺激行为发生频率比较高，应该引起我们的重视。小飒不论是一个人"玩"还是与爸爸妈妈待在一起时，嘴里都会发出"哼哼唧唧"的声音，可见他不只是在无事可做的情况下才会有这样的行为，仅仅找到替代行为（比如接儿歌歌词，与"哼哼唧唧"的声音会产生竞争），并不能从根本上解决问题。用语言制止也不是一种有效的办法，因为刺激源来自身体本身，不容易消除。只有提高小飒的个人能力，让他关注外界环境和事物，打开兴趣面和沟通的渠道，才能降低自我刺激行为发生的频率。

2. 小飒一个人"玩"的时候，会旋转瓶盖、随意翻书、敲打积木，由此可见，小飒不会功能性地"玩"，大都停留在感官刺激上。所以我们要教小飒功能性地玩玩具。可以先从操作性玩具开始教起，这样，既锻炼了小手肌肉的力量和灵活度、手眼协调的能力，又教会了小飒功能性地玩玩具。

## 敲打着地板听声音

**姓名：文文　　性别：男　　年龄：4 岁**

**行为描述**：文文刚刚完成了妈妈交给的任务，正独自一人趴在卧室的地板上玩积木。他用积木很有节奏地敲打着地板，耳朵贴着地板听声音，表现出很兴奋的样子。如果妈妈不去管他，这个行为会持续一整个下午。

**功能假设**：老师对文文的这种行为进行了功能分析，假设文文一个人趴在卧室的地板上玩积木，用积木很有节奏地敲着地板，耳朵贴着地板听声音的行为的前提是自己一个人在房间里，其强化物是引起家人的关注或自我刺激。为了验证这一假设，家人在文文独自在卧室玩的时候走向文文，这时文文仍然很兴奋地在地板上敲着积木，耳朵贴着地板听声音，没有任何变化。文文家人反映，文文每天只要闲下来，就会用一种物品敲击墙面或者地板。根据文文的行为特征，可以推断出自我刺激是这类行为的强化物。

**解决方案**：自我刺激的行为是很难通过行为消退的策略解决的，因为问题行为的强化物很多时候无法撤除，只能通过替代行为使孩子减少这类问题行为的发生频率。

1.通过向文文家人了解后得知，文文在独处或者没事可做的时候，发生这类行为的次数很多，几乎占满了他的空闲时间。因此，可以给他布置一些简单的任务或者他感兴趣的活动，如手部操作活动等，逐步减少他的空闲时间。

2. 通过评估发现，文文每隔 5 分钟就需要这样的行为来满足自我，因此，我们可以通过布置一些简单的任务，逐渐延长他做有意义的事情的时间。每当他能坚持做 6 分钟时，就可以给他 2 分钟的空闲时间（利用定时器）。然后延长到 7 分钟、8 分钟……

3. 把文文自我刺激的行为变得更有功能性，这是非常好的，既能让孩子得到满足，也能让大众接受，这样的行为是最理想的。比如：文文喜欢听敲击地板发出的声音，如果能教他学会敲鼓，就既能让他得到满足，同时也能让别人接受。

## 晃手同时嘴里发出声音

**姓名：帅帅　　性别：男　　年龄：4 岁**

**行为描述**：帅帅每天和妈妈坐地铁到培训机构上课，从家到机构一共有五站地，全程需要 20 分钟左右。每天坐地铁时，帅帅都会坐在自己的座位上，伸出右手，在眼前晃

来晃去,并且嘴里发出连续的"吧吧吧"的声音。通过一周的数据收集发现,这种行为从他坐上地铁开始直到下车为止,发生频率平均为10次。

功能假设:老师对帅帅的这种行为进行了功能分析,假设帅帅一个人坐在自己的座位上,伸出右手,在眼前晃来晃去,并发出连续的"吧吧吧"的声音的前提是他在地铁里无所事事,其强化物是引起家人的关注或自我刺激。为了验证这一假设,当帅帅在地铁里出现上述问题行为时,妈妈马上给予其关注,但是帅帅的问题行为仍然存在。此外,妈妈反映,帅帅出现这种行为并没有固定的时间或者环境,而且每次都表现为自娱自乐。由此可以推断,自我刺激是此问题行为的强化物。

解决方案:

1. 帅帅的行为表现是一种视觉上的自我刺激。通过他妈妈的介绍我们了解到,帅帅最喜欢的活动是用水彩笔绘画。因此,老师建议妈妈在出门之前带好儿童水彩笔和图画本,坐上地铁后就拿出准备好的纸和笔,对帅帅说"我们一起来画画吧""画一个地铁吧"。通过绘画行为的介入,我们发现帅帅在乘坐地铁时出现的问题行为减少了,发生频率下降了5次。因此,为了让帅帅能安静地乘坐地铁,只要上述问题行为的发生次数下降5次,就给予帅帅强化。以此为起点,逐步降低问题行为发生的频率。

2. 提前和帅帅约定,只要他在乘坐地铁期间晃手,并发出声音的行为只出现了 3 次，下车后就可以得到他最爱吃的彩虹糖。也就是说，我们给了帅帅 3 次发生问题行为的机会。如果他的问题行为的现出次数超过了 3 次，下车后就得不到奖励。同时，在地铁上用一张纸来记录发生此行为的次数，一共 3 个格，帅帅出现一次问题行为，便在格里打一个"×"，通过视觉提示告知儿童次数，帮助他自我管理。当儿童能做到时，可以把约定次数减少到 2 次，逐步改善，直到问题行为不再出现。

3. 自我刺激这一强化物不容易消退，所以在干预的时候，要逐步减少儿童自我刺激的频率，并且找到相应的替代行为，按照一定的计划减少问题行为的发生。在对问题行为进行干预时，强化物的给予要参照《行为矫正》一书中"影响行为强化效果的因素"一章。

## 揪着自己的胳膊使劲咬

姓名：欣欣　　性别：女　　年龄：5 岁

行为描述：欣欣上课时能安静地完成老师布置的、已经做过的、熟练掌握的任务，比如剪纸、涂色。有一次，老师让欣欣描简单的文字。刚开始，描"十"字、"口"字，她都很好地完成了。然后老师试着让欣欣描"大"字，当欣欣描写撇和捺时，笔画没有弧度，直直地写下去了，这时候老师说"不对"。

一直安静的欣欣突然爆发，揪着自己的胳膊就使劲地咬。

**功能假设**：老师对欣欣的这种行为进行了功能分析，假设欣欣咬胳膊的前提是写"大"字，其强化物是自我刺激或逃避学习任务。为了验证这一假设，老师上课时，还是让她描字。当要求欣欣描带有撇、捺的字时，欣欣就紧张，拿笔用力，又写得不好。老师说"不对"。这时，欣欣就会咬自己的胳膊。当老师取消描字的任务后，欣欣上完一节课也不会咬胳膊。由此可以推断，描写字是她自我刺激的强化物。

**解决方案**：

1. 儿童的自我刺激是借助自我伤害来宣泄负面情绪、疏解内心压力，得到暂时的快感。对此，可以降低学习难度，先描"人"字，老师适当地辅助儿童，不说负面评语，如"不对"等。欣欣在老师的辅助下顺利描了三个"人"字，没有咬胳膊。

2. 孤独症儿童大多语言发育迟缓、有语言沟通障碍，难以向外人表露其内心世界。当他们遇到有难度的事情时，不会使用正确的语言。老师要教他们使用功能性语言，如"我不会写"。

3. 老师在上课前，对儿童的能力要有详实的了解，布置合适的任务，避免儿童出现自我刺激行为。

# 第二章 获取实物

## 🍁 要东西、打人

**姓名：萌萌　　性别：男　　年龄：4 岁半**

**行为描述**：萌萌 3 岁时进入了全日制的幼儿园。他活泼可爱，但老师总觉得他与其他孩子不一样。在幼儿园里，他和其他小朋友一样，能口齿清晰地背诵很多儿歌、童谣。但每当他看到喜欢的东西时，无论东西是在老师那里还是在其他小朋友的手里，他总是直接上手去抢，从来不用语言表达自己的需求。在家里，家人一直觉得萌萌与其他同龄儿童并没有太大差距。但随着年龄的增长，萌萌的脾气越来越大，稍不如意就会大声哭闹，有时还会倒在地上打滚。有一次，他看到爷爷手里拿着一瓶彩虹糖，就伸手去抢。爷爷一躲，对他说："你说'给我'，我就给你。"但萌萌就像没听见一样，使劲拉着爷爷的袖子往下拽，嘴里还不停地说着"谢谢，不客气"。爷爷坚持让他说"给我"时，他突然躺在地上，边哭闹边打滚。当爷爷蹲下来哄他时，他忽然从地上爬起来，用小手使劲拍打爷爷的脸。当爷爷把彩虹糖给他时，他拿起来使劲摔到地上，再一次躺在地上边打滚边哭闹，嘴里不停地说着"不客气啊"，一直持续了十几分钟之久。此后，每当他的需求得不到满足时，这样的行为都

会发生，并且发生的频率越来越高。幼儿园的老师也反映，他攻击小朋友的行为越来越多了。

**功能假设**：通过对萌萌行为的详细观察和记录、分析，我们发现，萌萌出现这一行为的主要原因是，他不能很好地运用语言与别人沟通。也就是说，萌萌会说话，但仅限于机械的记忆和背诵，而功能性运用语言沟通的能力非常低。他基本上不会用语言与人沟通。由于家人早已习惯了萌萌用行为表达自己的意愿，也一直默认这样的沟通方式，并总是以猜测的方式满足他，导致萌萌一直通过行为来表达自己的意愿，不能用语言沟通。表面看来，萌萌是个有语言能力的孩子，但其实他早已失去了运用语言沟通的能力。经过具体的分析后，我们决定从提高萌萌运用语言的能力入手，逐步减少他由于没有恰当的沟通渠道而引发的哭闹行为。

**解决方案**：我们尝试从解决萌萌的沟通渠道入手，希望降低他由于沟通不畅而引发的哭闹、躺在地上打滚、打人等行为的发生频率。在干预之前，我们首先想到的是，应该提升萌萌语言操作能力中的"要求"能力，以增强他表达需求的能力。但是，由于促进语言能力的发展比较困难，再加上孤独症儿童本身就有社会交往障碍，不可能强迫他们开口说话，因此，我们准备了与萌萌喜欢的实物相对应的图片，在他不能按照我们教授的方法运用语言时，可以改用交换图片的方法，帮助他建立一个辅助沟通系统。

1. 在日常生活中，只要遇到萌萌有需求的场合，比如他想吃山楂片，当他的手伸向山楂片时，无论拿着山楂片的是老师还是家长，都会给他一个语言提示："我要吃山楂片。"只要他照着说了，就立即给他。如果萌萌每次用语言表达需求后都可以得到满足，那么他用语言表达需求的行为就会不断增加。当他用语言提要求的能力增强时，我们可以逐步减少提示，使他逐步学会主动用语言提出要求。即：由被动仿说，到看到自己想要的东西主动用语言表达，再到没有实物呈现时，心里想要什么就用语言表达出来。随着萌萌主动提出要求的能力不断提升，他用不恰当的行为表达需求而引发的行为问题也就不断减少，直至消失。

2. 也有部分儿童与萌萌的语言能力相当，但在仿说的时候有困难。对于这样的儿童，我们可以采用"图片交换沟通系统"作为支持。这种专门用于促进孤独症儿童提高社交沟通能力的方法非常成熟，也适用于听力障碍、言语学习障碍和智力残疾等特殊儿童，尤其适用于中重度无语言能力的孤独症儿童。该方法的核心是教儿童用图片交换他们想要的东西。早期教学的关键是：不用任何促进手段，等待儿童交出图片，进行主动的沟通。在教学的初期，如果萌萌听到"我想要山楂片"的语言提示后并不跟随模仿，我们就可以在他再次伸手去抢别人手中的山楂片时，用肢体辅助的方式，握住他的手，去拿事先准备好的一张山楂片的图片，然后把图片交到拿有山楂片实物的人手里。对方在接到山楂片的图片后,要在 1 至 2 秒内把山楂片实物给予儿童,同时说出物品的名称"山楂片"。在整个图片交换的过程中没有任何语言提示。

3. 教授儿童使用其他的辅助沟通方式,如手语、文字等,也可以减少儿童由于沟通不畅而引发的行为问题。辅助沟通方式应该根据儿童个体的特点来选择。在引入辅助沟通系统的同时,我们仍然不能放弃对儿童的口语教学,并希望辅助沟通系统与口语教学的推进在某个时期相交汇,共同促进儿童口语能力的发展。

## 推人

**姓名:强强　　性别:男　　年龄:5 岁半**

**行为描述**:强强 3 岁时被送入普通全日制幼儿园,在幼儿园生活已经有两年多了。最近一段时间,老师发现,强强总是把小朋友推倒,并且这样的事情发生的频率越来越高,有时连续几天都会有小朋友哭着来告诉老师,强强又推小朋友了。在这期间,有几个小朋友磕破了头、腿、胳膊等。比如:

有一次，强强猛地推了一个靠近门站着的小朋友，那小朋友没有任何防备，一下子碰在门框上，把头碰破了。这样的事情屡屡发生，导致别的小朋友的家长多次来找幼儿园的老师和领导投诉。无奈之下，老师只好请强强的家长来幼儿园共同协商应对的方案。家长说，强强最近在社区里也多次出现突然推其他小朋友的行为，每次家长都会长时间地教育或惩罚（打）他。虽然当时他都答应得很好，说下次再也不推小朋友了，可是行为并没有什么改善，家长还是经常要向被推倒的小朋友和家长赔礼道歉。

**功能假设**：我们开始跟随强强进行观察和记录。通过连续一周的观察、记录、分析，我们认为，强强频繁出现推小朋友的行为，原因主要是语言沟通能力与社交能力不足。例如，在强强居住的社区，他经常会遇到一起玩的小朋友拿着他喜欢的玩具或食品。由于他用语言提出要求的能力不足，因此，只要遇到这样的情况，他就会用手去抢。如果小朋友不给他，他就会用力推小朋友。强强有时推其他小朋友是因为他们妨碍了他。比如小朋友站在门口时，他要出去，他不会用语言请小朋友让开路，而是突然推开挡路的小朋友，直接冲出去。也有个别时候，强强是故意推人的，目的是引起老师或其他小朋友对他的关注。

**解决方案**：对于不同的情况，有不同的解决策略。我们与接触强强的老师、家长以及照看人共同讨论了应对的方法和策略，要求所有接触他的成人都一致用下面这些方法处理他的问题，促进他语言能力的发展。

1. 鼓励强强用语言交流沟通的方式表达自己的意愿和要求。首先，在家里，在日常生活中，家长对强强增加了用语言表达自己需求的训练，有时会有意为他创造或设置一些情境，以增加他表达需求的机会。在社区里，家长会提前给几个经常同强强一起玩耍的小朋友做好工作，请他们配合帮助强强。当强强用语言向他们表达想要得到他们手中的玩具或食物时，他们如果把东西给了强强，强强的家长就会给他们一些他们想要或喜欢的物品。在做好准备后，家长会像影子一样跟在强强的身边。一旦他想要小朋友手中的玩具或食物，家长就会让强强仿说："给我玩玩／尝尝，好吗？"小朋友会立即把手中的物品给强强（因为事先已经达成协议，小朋友会得到他们的奖品）。经过大量的训练，强强运用语言表达自己需求的频率不断上升，推人行为出现的次数越来越少了。

与此同时，其他的提高社交能力和语言沟通的训练课程也在不断推进。比如：当有小朋友挡了强强的路时，教强强说："让我过去，好吗？"当小朋友想要他手中的物品时，教他说："我再玩一会儿就给你玩。"当小朋友拿走了他喜欢的物品时，教他去找老师说："某某拿了我的玩具不给我。"当他生气不高兴时，对妈妈说："某某把球扔到我身上，砸疼我了！"当看到小朋友带了新的玩具时，对爸爸说："我也想要一个某某那样的玩具。"经过一段时间的训练和干预,强强用语言表达个人需求和愿望的能力大大提高,推小朋友的行为基本不再发生。

2. 在这一段时间里也出现了一些特殊的情况。例如,当强强用语言表达他的需求之后,小朋友并不把手中的物品给他。由于得不到想要的东西,他仍然会生气并用力去推小朋友。我们会在强强刚刚出现这类行为的一瞬间,从他的身后控制住他的双手,同时给予语言提示:"不可以。"同时目光坚定,表情严肃,所有的动作都在传达一个信息,那就是绝对不可以推小朋友。刚开始控制强强的时候,他会大喊大叫。但在我们坚持了一段时间之后,这种行为逐渐减少。当他推小朋友以引起老师注意时,我们也会以同样的方法处理。经过一段时间的坚持,强强推人的行为几乎没有了。

## 哭闹并打自己的头

**姓名:丁丁　　性别:男　　年龄:4岁半**

**行为描述**:丁丁每次从幼儿园出来,一看见妈妈就对妈妈说"妈妈抱抱"。如果妈妈没有马上抱他,丁丁就使劲抱住妈妈的腿又哭又闹,还把自己的两只小脚挂在妈妈的腿上,常常还会用小拳头打自己的头。当妈妈抱了他后,丁丁就会

逐渐平静，停止哭闹。有时妈妈工作忙，请家里的保姆去接丁丁，他基本上没有这样的行为，总是自己乐呵呵地走回家。

**功能假设**：根据了解我们得知，每当妈妈到幼儿园接丁丁时，他总是会说"妈妈抱抱"。如果妈妈不抱，他就会哭闹，并打自己的头，妈妈就会把他抱起来。妈妈也知道，随着丁丁年龄的增长，总是抱着他不合适，她也曾几次下决心不再抱他。但每一次坚持不抱他的时候，丁丁的哭闹并打头的行为就会愈发严重。妈妈实在不忍心看到儿子的哭闹，更不忍心看到儿子用力打自己的头。最终妈妈总是会以抱着他回家来结束这场哭闹。经过仔细观察，我们发现，丁丁总是先哭闹，再打自己的头，并且打头的时候眼睛总是关注着妈妈的表情。我们试着几次请妈妈转身避开他，这时他就停止打头，快速跑到妈妈面前。当妈妈开始注视他时，他又开始打起头来。据家里请来照看丁丁的保姆阿姨说，她刚开始去幼儿园接丁丁时，丁丁也要求阿姨抱他，但阿姨当时非常果断地拒绝了。几次之后，丁丁就再也没有提出过这种要求。我们假设，丁丁的哭闹行为是由于他的愿望没有得到满足而造成的。也就是说，每当丁丁让妈妈抱他时，如果遭到妈妈拒绝，他就会出现哭闹行为。而妈妈抱了他，满足了他的要求，他就会停止哭闹。基本可以确定，丁丁哭闹并打头的行为是由于他的要求得不到满足而引起的。

**解决方案：**

1. 首先，我们对丁丁的大运动能力进行了评估，发现丁丁的肌张力偏低，蹲下后再站起来很费劲；双脚跳很吃力，单脚站立不稳，不会单脚跳。因此，我们建议妈妈平日里多带丁丁做一些大运动的练习，如在日常生活中，增加走、跑、跳、上下楼梯等练习。增加带有这类活动的户外游戏项目，提高他自身的体能和运动能力。

2. 建议妈妈到幼儿园接丁丁时，与他做个约定，先让他自己走一段，妈妈再抱他走几步。刚开始可以设定一个很短的距离如 2 米或 3 米，根据儿童自身的体能而定。这样的距离对丁丁来说没有难度，应该比较容易接受。只要他走完这段距离，就可以抱他走 10 步。之后，随着他大运动能力的提升，不断延长他自己走路的距离，减少抱他走的步数。

3. 丁丁在自己的愿望得不到满足时，会出现哭闹行为。这种行为之所以一直存在，是因为妈妈总是在和丁丁纠缠，并总是以抱他的行为强化丁丁的哭闹和打头行为。如果妈妈确定让丁丁自己走完 2 米后才抱他，就一定要坚持，无论他出现怎样的哭闹行为，都要坚定地要求他自己走，并在离他 2 米远的地方等着他。如果在这期间他出现打自己头的行为，妈妈一定不能做出任何关注（仅限于经过专业人员的评估，儿童一定不会伤害到自己的情况下）。这样的坚持会让丁丁明白：哭闹没有什么用处，他要用自己的努力来赢得妈妈的奖励。

4. 如果丁丁的语言能力不足，在这种情况下，也可以借机教丁丁用恰当的语言提出要求，来取代哭闹等行为。如果行走距离延长令他不能接受，可以用语言告诉妈妈说："我累了""我可以休息一下吗？""妈妈给我加油！""妈妈拉着我一起走""妈妈给我数数"……由于语言沟通障碍是孤独症儿童的核心障碍之一，所以利用各种机会扩展儿童的语言沟通能力，教会他们用恰当的语言提出要求，是帮助他们解决情绪问题的最好方法。

5. 正向行为支持也是很好的方法。当丁丁自己主动好好走路、没有要求抱的时候，妈妈要及时给予夸张的表扬和奖励，这样的肯定一定会促进丁丁更多地选择自己走路。

## 哭闹打滚要东西

**姓名：苗苗　　性别：女　　年龄：3岁**

**行为描述**：妈妈带苗苗去超市买东西，苗苗会走向棒棒糖货架，拿起棒棒糖要求买。妈妈这个时候就会说："我们不买棒棒糖,你不能吃棒棒糖,要不然你的牙会疼。"这时,苗苗就会顺势躺在地上一边打滚一边哭,而且哭的声音很大,整个超市里的人都能听见。这个时候,周围的人都会看着苗苗和妈妈,妈妈就会觉得不好意思,并说:"你不哭了就给你买棒棒糖,你哭就不给你买棒棒糖了。"这时苗苗的哭声有所降低,妈妈就把棒棒糖给了苗苗,最后苗苗站起来不哭了。

**功能假设**:老师对苗苗的这种行为进行了功能分析,假设苗苗躺在地上一边打滚一边大声哭闹的行为是为了引起妈妈的关注或者是想获得实物。为了验证这一假设,当苗苗躺在地上一边打滚一边大声哭的时候,妈妈就不理会她,直接走开,可是苗苗还继续躺在地上一边打滚一边大声哭。苗苗在地上打滚时,会逐渐地边打滚边靠近棒棒糖的货架,想拿棒棒糖。当妈妈把棒棒糖给苗苗后,她就站起来了,也不哭了。由此可以推断,苗苗就是想获得实物。

**解决方案**:

1. 妈妈去超市买东西时不要带苗苗,她看不见棒棒糖就不会躺在地上打滚和哭闹了。

2. 妈妈带苗苗去超市时,如果苗苗去棒棒糖货架区拿起棒棒糖要买,妈妈可以允许她买棒棒糖。这样也会减少问题行为。

3. 妈妈带苗苗去超市的时候,如果她看见棒棒糖就要买,否则就躺在地上打滚哭闹,妈妈就要坚定地对她说:"我们不买棒棒糖,你吃糖会牙疼,起来,我们走了。"如果她还是继续哭闹，声音更大，或者不理会妈妈，这时妈妈就直接把她带离棒棒糖货架区。等她情绪稳定、停止哭闹后，再给她其他的东西，但不能是比她之前要求的东西（棒棒糖）更喜欢的东西。

4. 妈妈在家里应该学会巧妙拒绝孩子的无理要求，不能总是满足孩子的愿望，这样，孩子在生活中被拒绝的时候，问题行为才会减少。然后逐渐泛化到其他环境中。

## 掀翻东西、哭闹

**姓名：晴晴　　性别：女　　年龄：3 岁半**

**行为描述：** 晴晴想吃东西的时候，就会去家里的食品柜里拿，有时候会把食品柜里的其他食品都掀翻到地上，而且还会躺在地上哭闹。妈妈怎么劝慰都不行，每次至少要哭闹半个小时。

**功能假设：** 老师对晴晴的这种行为进行了功能分析，假设晴晴把食品掀翻并且躺在地上哭闹的行为的前提是没有找到自己想要的食品，其强化物是获得实物。为了验证这一假设，妈妈对晴晴进行了强化物评估。她把通过日常观察发现的晴晴喜欢吃的一些食品放在她的面前，看她对哪一种食品选择的频率最高，哪一种次之。然后妈妈就把晴晴喜欢的一些食品放到食品柜里。当晴晴有需求的时候就去食品柜里拿，拿到了自己喜欢吃的食品后就乖乖地吃掉。接着，妈妈从食品柜里拿走晴晴喜欢吃的几种食品。当晴晴有需求，再去食品柜里拿的时候，由于没有找到自己想要的，她就开始哭闹，掀翻食品柜里的食品，继而躺在地上打滚。这样的测试经过了几次，晴晴的行为表现如出一辙。由此可以推断出，获得实物是晴晴掀翻食品并躺在地上哭闹的强化物。

**解决方案：**

1. 鉴于晴晴还没有语言能力，我们要使用图片交换沟通系统（PECS）进行教学。

2. 经过强化物评估，把最有强化效能的实物制作成图片（实物可以是食品、玩具、用品等，图片的大小尺寸要以晴晴拿取便利为准，颜色可以选择彩色）。

3. 教学的最初阶段，准备最有强化效能的实物图片一张，由沟通伙伴和辅助者两个人配合进行。沟通伙伴手里拿有晴晴最喜欢的实物（实物要在晴晴的视野范围之内），当晴晴来拿取实物的时候，辅助者辅助晴晴拿取图片（图片放置在晴晴易拿取的地方），然后交给沟通伙伴，沟通伙伴立即把实物给晴晴。练习的目的就是要帮助晴晴建立与他人沟通的技能，而图片就是她与人沟通的语言，而后泛化到要求更多的强化物。

4. 当晴晴能够用图片进行沟通的时候，就要扩大沟通伙伴和晴晴之间的距离，继而扩大晴晴和图片之间的距离。

5. 当晴晴能够在距离扩大的情况下顺利拿取图片与他人沟通时，我们就可以加入区辨性图片，一张是晴晴喜欢的，另一张是晴晴不喜欢的。喜欢的图片可以制成彩色的，不喜欢的图片可以制成黑白的。或者两张图片上的物品都是晴晴喜欢的。

6. 再继续提升教学阶段的话，可以继续参照图片交换沟通系统（PECS）进行。

## 哭闹并躺在地上打滚

姓名：牛牛　　性别：男　　年龄：5岁

**行为描述**：妈妈带牛牛去朋友家做客，牛牛看到柜子上的巧克力，就伸手去拿。被妈妈阻止后，牛牛就开始大声哭闹，并躺在地上打滚。

**功能假设**：老师对牛牛的这种行为进行了功能分析，假设牛牛哭闹并躺在地上打滚的前提是因为妈妈阻止他吃巧克力，那么其强化物是获得实物。为了验证这一假设，当牛牛看到柜子上的巧克力并伸手去拿时，妈妈再次阻止了他。牛牛又出现了哭闹并躺在地上打滚的行为。这时妈妈把巧克力给了牛牛，牛牛便停止哭闹，坐在椅子上很高兴地吃巧克力。由此推断出，获得实物（巧克力）是牛牛出现此行为的强化物。

**解决方案**：

1. 遇到上述情况时，要教会他用正确的方式表达需求，如"妈妈我想吃巧克力"或者"妈妈我能吃巧克力吗？"等等。

妈妈可以同意给牛牛吃一颗,如果不能给牛牛吃,那么可以告诉牛牛"我们现在先来玩拼板,玩完拼板再吃巧克力"或者"我们回家路上去超市买巧克力吃"。

2. 不仅要教会孩子用正确的表达方式来提要求,而且还要教他学会等待。在日常生活中,往往会发生这样的情况:妈妈说玩完拼板再吃巧克力,可是牛牛非要马上吃,而且会用同样的行为(躺在地上打滚)来表达。此时要辅助牛牛完成拼板,在其完成拼板并且没有出现问题行为时,及时给他巧克力,要用行动告诉他什么才是"等一等"。

3. 进一步分析,如果家长能细心观察牛牛,并提前预测其问题行为的发生,就可以做好预防,比如提前把巧克力藏起来,或者放在一个孩子够不到的地方。这么做不但能预防问题行为的发生,还创造了有利于沟通的情境,家长可以教孩子表达"妈妈帮帮我"等语言。设置教学陷阱,延长等待时间。

4. 如果此行为发生在自己家中,偶尔可以允许孩子自己拿取巧克力。

### 打小朋友

姓名:淘淘　　性别:男　　年龄:4岁

行为描述:在游乐场,淘淘看到其他小朋友在吃薯片,自

己也想吃，就伸手去拿。小朋友不给，淘淘就用手使劲打对方的头，打了三下，把小朋友打哭了。

**功能假设**：老师对淘淘的这种行为进行了功能分析，假设淘淘打人的前提是因为小朋友不给他吃薯片，那么其问题行为的强化物是获得实物（薯片）。为了验证这一假设，老师找了淘淘邻居家的小朋友来还原场景，在淘淘面前吃薯片。淘淘看到后就伸手去拿，小朋友仍然拒绝给他，此时淘淘便伸手要打小朋友，而小朋友一边躲避淘淘，一边拿出薯片给淘淘，淘淘立刻停止了打人，拿了薯片放进自己的嘴里。由此可以推断，获得实物（薯片）是淘淘打小朋友这一行为的强化物。

**解决方案**：通过了解老师得知，淘淘每次打人后，都会从妈妈那里得到"不要打人，一会儿妈妈给你买薯片吃"的许诺或者得到小朋友给的薯片，所以此问题行为得到了持续强化。正确的做法应该是：

1. 要坚决杜绝打人的行为，发生了就要第一时间去制止，并且当淘淘伸手去拿别人的薯片或其他东西的时候，妈妈要及时辅助他用正确的方式表达需求，如："可以给我一片薯片吃吗？"当获得同意后，才可以吃别人的薯片。如果其他小朋友不同意，要及时向妈妈提出要求，说："妈妈给我买一包薯片吃好吗？"然后妈妈带淘淘去买薯片。或者提前准备好一些零食，让淘淘去和小朋友交换薯片。

2. 如果淘淘打到了小朋友，在制止的同时，还要让他向小朋友道歉，并且不能给予其他方面的关注和满足（如"不要打人，一会妈妈给你买薯片吃"），更不能让他在打人后吃到薯片，可尝试转移其注意力。

3. 准备好淘淘喜欢的实物，在其行为适当的时候，要及时给予。如果妈妈对淘淘的语言情况做了详细而客观的评估，给他提供适当的辅助，就有可能使他避免出现因为没得到喜欢的东西而打人的行为。

## 打老师

**姓名：丁丁　　性别：男　　年龄：3岁半**

**行为描述**：丁丁很喜欢小汽车，在上个训课时，丁丁按老师的要求完成了教学项目，作为奖励，老师把小汽车给丁丁玩，玩了大约10秒钟，当老师对他说"还给老师"时，丁丁伸手打了老师的脸。

**功能假设**：老师对丁丁的这种行为进行了功能分析，假设丁丁打人的前提是老师收回其手中的小汽车，那么其问题行为的强化物是获得实物（小汽车）。为了验证这一假设，老师在丁丁完成教学任务后，把小汽车给了丁丁，10秒钟后，老师说"把汽车还给我"，丁丁就伸手打老师的脸。当老师在丁丁伸手打人的同时阻挡他，并马上把小汽车还给他后，丁丁立刻停止了打人的行为，拿起小汽车开始玩耍。由此可以推断，获得实物（小汽车）是丁丁出现此问题行为的强化物。

解决方案：

1. 首先要给丁丁一点缓冲的时间，不要很强硬地直接从他手里拿走小汽车。当要收回丁丁手中的小汽车时，可以先拿出一个其他的玩具作为交换，和丁丁说"我们换一换玩吧"，然后再拿走丁丁手中的小汽车，并把新拿的玩具给他，这样他就比较容易接受。

2. 再进一步，对丁丁说"该我玩了，玩两下给你"，然后伸手拿走丁丁的小汽车，并且控制好丁丁的双手，不让他出现攻击行为，然后数两个数，马上对丁丁说"好了，该你玩了"，并把小汽车给丁丁。操作要快速，这样他不会感觉到小汽车离开他的手里很久。

3. 逐渐延长数数等待的时间，并把数数变成一个其他的教学项目，那样就越来越像自然的教学，让丁丁明白，老师拿走小汽车并不是不给他玩，而是很快就会还给他，他只需要先完成一个很短暂的任务而已。

4. 如果丁丁由于被拿走小汽车而出现问题行为（打人），这时，绝对不能把小汽车给他，不能让他在打人后得到他想要的小汽车,那样他就会以为,只要打人就可以得到小汽车。因此,要杜绝这种做法。

5. 通过进一步分析可知,当丁丁遇到此类问题时,不能使用正确的语言来表达自己的意愿。因此,老师要教他使用功能性的语言,教丁丁说"老师再让我玩一会儿""老师再玩5个数"等,这样就有可能使他避免因为想得到玩具而出现问题行为。

# 第三章　引起关注

## 边哭边挠自己

**姓名：**辰辰　　**性别：**男　　**年龄：**5 岁

**行为描述：**户外活动结束后，辰辰回教室喝水，由于他喝水速度太慢，到了上课时间还没喝完，妈妈就把他的杯子拿走了，不让他再喝水。于是上课的时候他就边哭边挠自己的脸。

**功能假设：**老师对辰辰的这种行为进行了功能分析，假设辰辰哭的前提是没喝完水妈妈就把杯子拿走了，其强化物是引起老师关注、要喝水或逃避上课。为了验证这一假设，老师又把杯子给了他。辰辰拿着杯子喝了一口水，自己去放下杯子。放杯子时，老师观察到一个细节，只见辰辰小心地把杯子上的商标冲外摆放好。老师故意又把这个杯子随便摆放了一次，杯子上的商标不是直接冲外了，辰辰又会使劲地挠自己的脸。他会跑过去重新摆放杯子，让商标冲外，离开几步还不放心地又回头看了一眼，这才继续上课，不再挠自己的脸了。由此可以推断，不按照他自己的方式摆放杯子是挠脸的强化物。

**解决方案：**

1. 通过日常生活中对辰辰的观察，老师发现他对物品的摆放都有自己的方式。老师下课后，就让辰辰去收拾好玩具、教具，他会摆放得非常整齐、有规律。于是给他非常喜欢的汽车玩。儿童的刻板行为有时也是对他有利的。

2. 老师和辰辰一起摆放图书，引导他模仿、找规律，例如将一套书放在一起,由高到低、由宽到窄摆放。他对此很有兴趣,乐此不疲。

3. 老师教辰辰使用功能性语言,学说"放好,别动"。

4. 在日常生活中注意观察儿童,了解儿童的行为方式,就可以避免引发儿童的过度行为。

## 扔玩具

**姓名:丫丫　　性别:女　　年龄:6岁**

**行为描述**:妈妈在工作的时候,让丫丫自己去玩积木。丫丫玩积木的时候会把积木扔在地上,然后看着妈妈笑,妈妈就会停止自己的工作,帮她把积木捡起来,同时还说:"别乱扔积木,积木是用来搭的。"然后妈妈就会陪丫丫一起搭积木。当丫丫自己搭积木的时候,妈妈就会回去继续工作。丫丫自己玩了5分钟后就又开始扔积木,并且看着妈妈笑。妈妈就又帮丫丫捡起积木,同时还会说:"你怎么乱扔积木?积木是用来搭的。"于是,妈妈又会停止自己的工作,然后继续陪她一起搭积木。如此反复。

**功能假设**:老师对丫丫的这种行为进行了功能分析,假设丫丫扔积木的前提是妈妈让她自己搭积木,其强化物是引起妈妈的关注或逃避搭积木。为了验证这一假设,老师让妈妈在家里给丫丫安排搭积木的任务，同时观察她是否会搭积木。妈妈发现，丫丫搭的积木很有创意，并且她还会说自己搭的是什么造型。妈妈一直陪在丫丫身边搭积木时，她就不会出现扔积木的行为。当老师让妈妈离开丫丫搭积木的区域去工作后，丫丫就会出现扔积木的行为，妈妈就会回来陪着她一起搭积木。由此可以推断，妈妈离开丫丫是扔积木这个动作的强化物。

**解决方案：**

1. 通过日常生活中对丫丫的观察，老师发现，每当没有人关注她的时候，她就会通过一些不恰当的行为来获取关注。因此，在日常生活中要注意引导她学会正确表达自己的愿望，而不是通过不恰当的行为来交流。家长可以教她说"过来和我一起玩""我想让你陪我玩""我们一起玩"等，进行恰当的交流。每当儿童正确表达出自己当下想法的时候，我们就要停下自己手头上的事情，给予儿童关注。同时，逐渐延长儿童的等待时间。这样既训练了儿童的正确表达，同时也训练了儿童的等待能力。

2. 当儿童用不恰当的行为来获取关注的时候，我们先要忽视这样的行为，但是如果儿童出现了自伤或者伤害别人的行为，我们就要通过躯体控制来制止儿童。在整个过程中一定不要有目光对视。在儿童扔积木的时候，不表达，不评论，不看儿童（没有目光对视）。当儿童不扔积木以后（至少半分钟），再给予儿童关注。然后再让儿童把扔出去的积木捡回来。

3. 在家里提前合理安排好儿童的整个空余时间，要观察他们每隔多长时间会通过不恰当行为来获取我们的关注，并且要在儿童出现不恰当行为之前就给予他们关注。比如，我们可以走到儿童跟前，和儿童说话，或者参与儿童的活动，然后再去做自己的事情。尽量安排一些儿童喜欢的活动，避免不恰当行为的发生。

## 吐水

**姓名：皓皓　　性别：男　　年龄：5 岁**

**行为描述：** 爸爸带着皓皓去上课。在学校里，皓皓对爸爸说："我要喝水。"爸爸就给皓皓喝水，然后和别的家长说话。这时，皓皓就会把嘴里的水往地上吐，爸爸就说："别吐水，好好喝水。"然后继续和别的家长说话。皓皓还是会把喝到嘴里的水吐到地上。爸爸只好继续说："好好喝水，别吐水。"

**功能假设：** 老师对皓皓的这种行为进行了功能分析，假设皓皓往地上吐水的前提是爸爸和别的家长说话，其强化物是引起爸爸的关注或逃避喝水。为了验证这一假设，当爸爸给皓皓喝水的时候，不和别的家长说话。这时，皓皓就不会把喝到嘴里的水吐到地上。由此可以推断，引起关注是皓皓把嘴里的水往地上吐的强化物。

**解决方案：**

1. 皓皓的问题行为发生在爸爸和别的家长说话的时候，在这一段时间他没有获得爸爸的关注。这时，他就会开始做一些让爸爸制止他的事，例如把喝到嘴巴里的水吐到地上。爸爸马上阻止他，他得到了爸爸的关注。以后，在他又想获得爸爸关注的时候，就会更多地做出类似的事情。所以，当皓皓把水吐到地上时，爸爸要用身体辅助，把他引导到他应该在的地方。在这个过程中不给语言指令，不对话，没有目光对视，不与他互动。

2. 等过了大约 30 秒到 1 分钟，如果皓皓没有继续把水吐到地上，爸爸就给他关注，与他互动，夸奖他任何做得好或没做错的行为。

3. 皓皓通过问题行为来表达和爸爸沟通的愿望，所以爸爸要教他好的行为，才能最终解决他的行为问题。这就需要知道儿童想表达什么，才能教儿童如何正确地表达，无论是通过语言还是行为。只有当儿童学会正确的表达方式后，这些问题行为才会真正地消失。皓皓想要表达的是：请关注我，陪我玩。爸爸就要教皓皓说功能性语言"请关注我""陪我玩"。

4. 爸爸要从皓皓刚刚开始吐水的时候就给予正确的指引，坚持给正面的指令，告诉儿童应该做什么，例如说"皓皓，喝水"。这样爸爸和皓皓的亲子关系也会变得正面积极起来。

## 边哭闹边看着小朋友

**姓名：花花　　性别：女　　年龄：3岁**

**行为描述**：在桌面游戏课上，老师让小朋友们玩拼插游戏。花花手里拿着一个玩具使劲向两边拽，一边哭闹一边看着她旁边的小朋友，小手乱抓坐在后面的妈妈的脸，说"扒，扒，扒"。妈妈手忙脚乱，不知道她要干什么，一直说"你要干吗？坐好，别哭了"。

**功能假设**：老师对花花的这种行为进行了功能分析，假设花花哭闹、抓妈妈脸的前提是看到旁边的小朋友在玩拼插玩具，有时插上，有时扒开，自己想模仿但是不会，其强化物是引起妈妈的关注或逃避玩玩具。为了验证这一假设，当花花拿着拼插玩具一边使劲向两边拽一边哭，并抓妈妈的脸时，老师把插好的玩具给她，并辅助她扒开玩具，她就不哭了。由此可以推断，引起关注是花花哭闹、抓妈妈脸的强化物。

**解决方案**：

1. 妈妈要观察儿童，知道儿童的需求。在儿童有哭闹的苗头的时候，就给儿童插好的拼插玩具，辅助儿童拆开玩具。在拼插的过程中，不给语言指令，不对话，没有目光对视，直到儿童平静下来。在整个过程中要注意的是：不与儿童发生任何交流，等到儿童平静后，可以给予一定的强化。

2. 花花通过问题行为来向妈妈提要求，所以妈妈要注意观察儿童行为的每个细节，弄清她想表达的是什么，才能最终解决儿童的行为问题。花花想要表达的是："妈妈，帮我扒开，怎么扒开这个玩具？"在日常生活中要注意引导儿童正确地表达与交流。在家里反复进行大量练习，引导儿童在特定的环境中表达自己的需求，逐渐泛化到其他环境中也能正确地表达自己的需求。

3.在教学或者日常生活中，对于儿童的哭闹，家长要保持冷静，忽视该行为，做到不责骂、不妥协，否则儿童的哭闹会更频繁。

## 家长打电话时不停打断

**姓名：牛牛　　性别：男　　年龄：5岁**

行为描述：在家里，妈妈和牛牛说："妈妈要给同事王阿姨打个电话，你先把这个小汽车涂上颜色。"然后，妈妈去给王阿姨打电话说工作上的事。这时，牛牛走到妈妈面前说："妈妈，给我拿汽车。"妈妈说："你自己拿，汽车就在地板上。"牛牛说："妈妈，给我拿。"妈妈就一边打电话一边给他拿汽车。妈妈继续打电话。牛牛又说："妈妈，我要吃西瓜。"妈妈说："你等会儿，妈妈打完电话给你切西瓜。"妈妈继续打电话。牛牛继续说："妈妈，我要玩橡皮泥。"妈妈大声说："你等会儿，你没看见我在打电话吗？我打完电话就给你拿，你先去那边玩小汽车。"

功能假设：老师对牛牛的这种行为进行了功能分析，假设牛牛不断去找妈妈说话，其强化物是引起妈妈的关注或逃避涂色。为了验证这一假设，当牛牛打断妈妈的电话的时候，妈妈就让他去涂色，牛牛会把妈妈布置的学习任务完成。可是当妈妈接着打电话的时候，牛牛还是会来打断。由此可以推断，引起妈妈关注是牛牛这种行为的强化物。

解决方案：

1. 妈妈应提前告诉牛牛说要打电话，并给牛牛安排涂色任务。同时也可以观察儿童是否已经完成了所交代的教学任务。如果完成了，可以及时调整，让儿童做一些自己喜欢的事情。牛牛喜欢看动画片，妈妈就可以给牛牛放一个他喜欢的动画片，让他有事情可做。但是也要注意，在他开口打断通话之前就要给予关注，这样就有可能避免儿童为了获取妈妈的关注而出现的不恰当行为。

2. 如果妈妈打电话时，牛牛过来打断妈妈的通话，这时，妈妈可以不理会他，等他安静了、不打断通话的时候，妈妈再给他关注。或者摸摸他的头，给予一个肯定的眼神，或者拿他喜欢的玩具给他玩。在这期间，妈妈如果还要打电话，就要在牛牛没有打断通话的时候给予他一定的关注。

3. 在日常生活中，要给儿童安排一些力所能及的事情，合理安排儿童的空余时间，避免儿童不恰当的行为发生。

## 哭喊

**姓名：小宇　　性别：男　　年龄：5 岁**

**行为描述：**游戏课上进行桌面游戏：搭积木。小宇最喜欢长长的大桥，他先把几根圆柱体的积木立起来，再把正方形的积木放在圆柱体积木的上面，将它们紧挨着连接在一起搭桥玩。他的注意力非常集中。这时，一个小朋友突然过来把组成"桥"的两根圆柱体积木弄倒了，小宇马上愤怒地把剩下的完好部分都用手划拉倒，两手攥紧拳头放在脸的两侧抖动并哭喊着。

**功能假设：**老师对小宇的这种行为进行了功能分析，假设小宇两手攥紧拳头放在脸的两侧抖动并哭喊等行为的前提是小朋友突然过来把搭"桥"的两根圆柱体积木弄倒了，其强化物是引起老师的关注或逃避搭积木。为了验证这一假设，当小宇把桥搭好后，老师故意推倒几块积木，小宇立刻哭着把剩下的"桥"都用手划拉倒。但是当小宇安静地成功搭好"桥"后，他就不哭闹了。由此可以推断出，引起关注是小宇哭闹的强化物。

**解决方案：**

1. 看到小宇哭闹且没有自伤行为时，应当不予理睬，不要急于抚慰，等儿童自己调整好情绪，一直坚持到他平静为止。

2. 老师要了解小宇的喜好，搭积木的成果被破坏掉了，肯定会生气，等他安静下来。老师可以不看他，也不说话，在他视线范围内先搭几个圆柱体的积木，不往上面放正方形的积木，他自己就会往圆柱体的积木上面放正方形的积木，同时忘记刚才的不愉快。

3. 在小宇安静的时候，老师要和他一起玩，并且用语言和他互动，给予关注。

4. 老师在儿童没有出现问题行为时，每隔5分钟给予关注一次，并奖励他的建设性行为。然后延长到每隔10分钟关注一次，依此类推。

5. 通过进一步分析可知，儿童哭闹，说明他不能正确使用语言表达自己的意思。老师在教学中要有意地设计一些教学情境，提高儿童的挫折承受能力以及表达能力。当老师有意（这个有意是指不能让儿童察觉）将儿童搭好的积木碰倒时，要及时引导儿童使用功能性语言表达自己的想法，比如"别碰倒我的积木"。当儿童说出来的时候，就要给予他强化，鼓励他正确表达自己的想法，根据实际情况来增加次数。但是不能总让儿童处于受挫的状态，要帮助儿童树立自信心，在面对突发的事情时做出恰当的反应。

## 开关灯

**姓名：小强　　性别：男　　年龄：4岁**

**行为描述**：妈妈在厨房做饭，小强把电灯关了，妈妈就会停止做饭，让他把灯打开。妈妈回到厨房继续做饭，小强又把灯关了并且笑着看妈妈从厨房出来，让他把灯打开。每次小强都是先把灯关上，然后笑眯眯地看着妈妈从厨房出来，让他把灯打开。

**功能假设**：老师对小强的这种行为进行了功能分析，假设小强玩开关的行为的前提是看到妈妈在厨房做饭，没有人理他，强化物是引起妈妈的关注或者自我刺激。为了验证这一假设，妈妈在厨房做饭的时候，不等小强关灯就从厨房出来，和他说话或者给他一个玩具玩。小强关灯的行为就消失了。由此可推断出，引起关注是小强关灯的强化物。

**解决方案**：

1. 妈妈在做饭之前，提前合理安排儿童的生活、学习、活动。给儿童一些他比较喜欢的玩具，安排他做喜欢的事情。妈妈做饭的时候，在儿童开关灯之前，妈妈就要从厨房出来陪他玩一会，然后再回去做饭。妈妈要合理安排好做饭的时间，最好是既能做好饭，同时也能关注到儿童。

2. 小强的目的是引起关注，家长可以达成一致，忽视他引起关注的一切行为。妈妈可以在厨房里提前安装一个台灯，即使小强把灯关了，也不要理会他，妈妈可以把台灯打开，继续做自己的饭。儿童觉得没有意思了，这种行为就会消失。

3. 引导儿童，增进他们对社交行为的理解，从而改善他们的社交技巧，提高他们的人际互动的能力。当儿童想让妈妈陪他玩的时候，可以引导他说"妈妈陪我玩""妈妈我想和你玩"。

当儿童说出来的时候妈妈就要给予一定的关注,逐渐把时间延长,培养儿童独立玩耍的能力。引导儿童正确表达,而不是通过行为来告诉妈妈,想让妈妈陪他玩。

4. 在日常生活或者教学中,我们要提高儿童的自我管理能力。在日常生活中,我们要注意多关注儿童的适当行为,当儿童能在适合的环境中做出适合的行为时,我们就要多关注这类行为,尽量不关注那些不恰当的行为。

## 跑走

**姓名:晓铭　　性别:男　　年龄:6岁**

**行为描述**:下课了,小朋友们都准备出去玩,晓铭突然拿起一个小朋友的书就跑出去,边跑边回头看有没有人在追他。这时候,妈妈也边跑边喊着"给我书"追了出来。晓铭一脸兴奋,使劲往前跑。妈妈追不上了,晓铭就停下来,看着妈妈。就这样,妈妈一停下,他就等着,妈妈一开始追他,他就跑。妈妈很生气,但又没办法。

**功能假设**:老师对晓铭的这种行为进行了功能分析,假设晓铭跑的前提是妈妈在后面追他,其强化物是为了引起别人关注而去拿别的小朋友的书。为了验证这一假设,当下课后晓铭又拿了别人的东西跑出去时,老师让妈妈不理他。晓铭看到没人追出来,又扬起书摆动着,妈妈还是没理他。晓铭就不再跑了。由此可以推断,妈妈追晓铭是他跑走的强化物。

**解决方案:**

1. 找到晓铭感兴趣的活动,合理安排他每天的生活、学习、活动内容。给他一些他比较喜欢的玩具,安排他做喜欢做的事情。

2. 晓铭跑走的目的是引起关注,老师可以和家长达成一致,忽视他为了引起关注而做出的一切行为。老师或者家长要提前控制儿童的行为,例如在下课的时候,老师最好让小朋友们排队点名下课,这样就可以有效地制止儿童通过不恰当的行为来吸引老师或者家长的注意力了。

3. 引导孤独症儿童,增进他们对社交行为的理解,从而改善他们的社交技巧,提高人际互动的能力。课外活动时安排孤独症儿童和其他小朋友一起做互动游戏,让他知道随便拿别人的东西是不对的。引导孤独症儿童学会正确的交流方式。家长可以在家里和孩子多练习正确的交流方式,反复进行大量的演练,以帮助孤独症儿童在面对突发事件时做出恰当的反应。

## 推小朋友

**姓名:源源　　性别:男　　年龄:3岁**

**行为描述:** 小朋友们都在玩滑梯,源源跑过去推了其中的一个小朋友，然后回头看着妈妈笑。妈妈立刻跑过来拉住源源说："不要推小朋友。"源源就自己玩。玩了一会儿又冲到一个小朋友身边，推了一把小朋友，然后回头看着妈妈笑。妈妈着急地跑过去，再次告诉他不要推小朋友。

功能假设：老师对源源的这种行为进行了功能分析，假设源源推小朋友的行为的前提是喜欢看到妈妈向他跑过来的样子，强化物是引起妈妈的关注。为了验证这一假设，源源推了小朋友以后，妈妈没有跑过去劝阻他，源源推小朋友的行为就逐渐消失了。由此可以推断出，引起关注是源源推小朋友的强化物。

解决方案：

1. 在玩滑梯之前，妈妈可以先让源源和小朋友们一起玩一会儿，教源源和小朋友正确交往的方法。

2. 源源的目的是引起关注，老师或家长应忽视他为了引起关注而采取的一切行动。当源源推了小朋友并且回头看妈妈时，妈妈不要立刻跑过去，也不要和源源对视，等源源离开以后再去安慰那位被推的小朋友。

3. 妈妈知道源源在玩滑梯时会推小朋友，因此事先要注意观察源源，在源源向小朋友跑过去、推他们之前，妈妈就给源源安排一项他喜欢的活动，比如荡秋千。这样他就不可能推小朋友了。

## 吵闹、掀翻书本

**姓名：明明　性别：男　年龄：6 岁**

**行为描述**：明明上课的学习动机很强，会积极举手回答老师提出的问题。但当明明举手、老师没有叫到他而是叫了其他小朋友时，他就会在课堂上大声吵闹，还会把课桌上的书本掀翻到地上。为了让他不要扰乱课堂秩序，老师只好让他回答问题。就这样，课堂上只要老师不叫明明回答问题，他就会发脾气。

**功能假设**：老师对明明的这种行为进行了功能分析，假设明明大吵大闹、把课桌上的书本掀翻在地、大发脾气的行为的前提是举手回答问题时没有被老师叫到，其强化物是想获得机会。为了验证这一假设，只要明明举手，老师就叫他回答问题，整个一节课下来，明明都不会发脾气。由此可以推断，获得机会是明明在课堂上大发脾气的强化物。

**解决方案**：

1. 针对明明的这种行为，老师可以在课堂上增加学生齐答的环节，减少让单个学生举手回答问题的环节。

2. 老师可以在课前告诉明明，这节课只能举 3 次手，如果能做到，就可以在明天的运动课上玩海洋球（明明很喜欢玩海洋球），并且在黑板上写上数字作为视觉提示，明明举手回答一次就减少一次，当数字变为 0 时就不能再举手了。

3. 用社交故事教明明学习等待，可以画图并配上文字。内容如下，仅供参考："当小朋友举手想回答老师的问题时，老师没叫到我也没关系，等问到下一个问题时再举手回答。下一个问题我举手，老师叫到我，我很开心。如果老师还是没有叫到我，也没关系，我再等一等。"

## 往墙上粘贴作品

**姓名：乔乔　　性别：男　　年龄：5 岁半**

**行为描述：** 乔乔一做完手工，就把作品用双面胶粘贴到墙上，妈妈就会生气地对乔乔说："不许把作品粘到墙上，看你把墙弄成什么样子了。"随后妈妈就把作品从墙上撕了下来。乔乔很高兴地看着妈妈。尽管妈妈提醒过，乔乔下一次仍旧把作品往墙上粘贴。妈妈很生气地对乔乔大喊："你怎么还往墙上贴？"并且快速地从墙上撕下作品，乔乔看着妈妈撕作品的样子笑得很开心。

**功能假设：** 老师对乔乔的这种行为进行了功能分析，假设乔乔把手工作品粘贴到墙上的前提是想看到妈妈生气的样子，其强化物是引起妈妈的关注。为了验证这一假设，老师建议乔乔的妈妈，当乔乔把他完成的手工作品粘贴到墙上后，妈妈不要去看，也不要指责他。不论乔乔怎么粘贴作品，妈妈都坚决不去关注。随后妈妈发现，当她不再关注乔乔的行为后，乔乔就不再往墙上粘贴作品了。由此可以推断，妈妈生气的样子是乔乔往墙上粘贴作品的强化物。

**解决方案：**

1. 妈妈采取忽视的办法，就可以减少乔乔往墙上粘贴作品的行为。如果过了一段时间乔乔又往墙上粘贴作品，妈妈也不要去关注。如果妈妈去关注他，就会使他的行为自发恢复（强化乔乔继续去粘贴的行为）。

2. 妈妈可以在乔乔完成作品之后，和乔乔一起对作品进行欣赏和评论。这就替代了乔乔把作品粘贴到墙上的行为。

## 哭闹

姓名：明明　　性别：男　　年龄：3岁半

**行为描述**：明明单独和老师上个训课，上课状态很好，很配合地完成老师的教学。下课了，明明妈妈很关心孩子上课的情况，她没有去关注明明，而是直接去找个训老师询问上课的情况，直到明明使劲拉扯妈妈的衣服，并且大声哭闹，妈妈才结束与

老师的对话，低下头来询问孩子哭闹的原因，并且拥抱他。这时，明明才停止哭闹。

功能假设：老师对明明的这种行为进行了功能分析，假设明明拉扯妈妈的衣服、哭闹等行为的前提是妈妈在和老师说话，没有关注到他，其强化物是引起妈妈的关注或逃避此环境。为了验证这一假设，当下课后妈妈在和老师交谈，明明出现了上述哭闹行为的时候，妈妈立刻给予孩子关注，询问并拥抱孩子，这样，明明便会停止拉扯妈妈的衣服和哭闹。由此可以推断，获得妈妈的关注是明明出现哭闹等行为的强化物。

解决方案：

1. 明明妈妈反映，在她长时间打电话的时候，孩子的这一问题行为出现的可能性也比较大。通过对明明的了解发现，明明在独自玩积木的时候比较安静，且能等待10~20分钟。因此，下课后妈妈可以先找一个明明比较感兴趣的玩具（如他喜欢的积木等）让他玩，然后再去和老师交谈。同时，要根据孩子的能力，适时给予关注，如：问孩子"积木好玩吗？""你在搭什么颜色的积木呢？"等等。

2. 有时候家长不能在第一时间找到能让孩子打发时间的兴趣活动，那么可以通过教导孩子新技能，来培养他用正确的行为方式解决问题。比如根据明明的能力，和他约定好，"数到5妈妈带你回家"。约定后就一定要说话算数。在明明数数的时候，妈妈先和老师交谈，等他数到5，就要去关注他了，然后带着孩子回家。通过进一步分析可知,明明在想要引起别人关注的时候,不能使用正确的语言表达自己的意愿,所以老师要教导他使用功能性的语言,学会说"妈妈咱们回家吧""妈妈陪我一下"等,只要儿童学会用合适的语言引起妈妈的关注,一开始都要满足他。至于妈妈与老师关于课堂方面的交谈,可以通过其他方式进行,如通过电话、电子邮件沟通等。

3. 如果明明已经出现了这类问题行为,不要因此就关注他,绝对不能和他有眼神的接触,想办法(找个简单任务)转移他的注意力,等问题行为停止后,再立即给予他关注。

4. 如果提前做好问题行为的预防,找到合适的替代行为,就有可能避免孩子因为没得到关注而出现不恰当的行为。

### 边对妈妈笑,边强行关电脑

**姓名:凡凡　　性别:男　　年龄:5 岁**

**行为描述**:凡凡的妈妈是个平面设计师,经常需要把工作带到家里完成。吃完晚饭,妈妈坐在电脑前开始"加班"。凡凡原本坐在沙发上玩,看到妈妈坐到电脑前,便来到妈妈身边,冲着妈妈大笑。妈妈对凡凡说:"不要打扰妈妈工作,去客厅玩。"凡凡不但没听妈妈的话,反而开始伸手敲打电脑键盘。妈妈不理会,没想到他居然把电脑关了,而妈妈刚做好的图也被凡凡给毁掉了，妈妈很生气地训斥他。

**功能假设**：老师对凡凡的这种行为进行了功能分析，假设凡凡"对妈妈笑、强行关电脑"等行为的前提是妈妈在电脑前工作，没有关注他，很明显其强化物是为了引起妈妈的关注。为了验证这一假设，当妈妈再次工作的时候，她把凡凡一个人留在客厅里，但凡凡还是会跑到妈妈身边，先冲妈妈大笑，再乱动妈妈的电脑。这时，只要妈妈看着他，对他讲话，他就会停止上述行为，由此可以推断，获得妈妈的关注是凡凡出现"对妈妈笑、强行关电脑"等行为的强化物。

**解决方案**：

1. 凡凡想引起妈妈的关注，这是社会性的一种表现，但是他没有学会用正确的方式来表达这种需求。当凡凡靠近妈妈的时候，妈妈可以根据凡凡的兴趣，及时提示他表达自己的愿望，如："妈妈陪我玩一会儿""妈妈你给我讲个故事吧"，等等。当孩子正确表达后，妈妈可以放下工作，先陪孩子玩；如果工作比较重要，时间上不允许，妈妈可以在工作之前先给凡凡布置一些活动项目，如：拼拼板、看动画片、收拾玩具之类，然后再去工作，等工作完了再来陪凡凡一起玩。或者设计一些他比较感兴趣而且结构性比较强的活动让他完成。也可以利用定时器，提示凡凡在完成任务或者到时间后便可以去找妈妈，获得关注。

2. 如果由于妈妈没有关注凡凡而使其出现了"对妈妈笑，强行关电脑"的行为，这时，妈妈绝对不能对他表现出任何关

注（包括训斥的语言或者眼神的关注等）。当凡凡平静下来后，可以转移其注意力。只有当凡凡行为适当，或者能用正确的方式引起妈妈的注意，或者能用正确的语言表达自身的感受时，妈妈才可以关注他。

3. 对于有问题行为的儿童，要给他一定的时间，学习正确表达自身的需求。同时，老师或家长要做好预防工作，教导儿童如何正确地引起妈妈的注意，这样，类似凡凡这种不恰当的行为便会逐渐减少。

## 吐口水

**姓名：亮亮　　性别：男　　年龄：5 岁**

**行为描述**：在集体课上，老师提出问题让小朋友回答，小朋友齐声回答后，老师分别夸奖了回答问题的小朋友。如果老师没有第一个夸奖亮亮而是先夸奖其他小朋友，亮亮就会向老师吐口水。

**功能假设**：老师对亮亮的这种行为进行了功能分析，假设亮亮对老师吐口水的前提是老师先夸奖其他小朋友，其强化物

是引起老师的关注或逃避学习任务。为了验证这一假设，当小朋友们都回答上老师问题的时候，老师仍然先夸奖其他小朋友，亮亮仍旧会向老师吐口水。而当老师先夸奖亮亮再去夸奖其他小朋友时，亮亮就不会向老师吐口水。由此可以推断，引起老师的关注是此行为的强化物。

解决方案：

1. 起初，只要亮亮行为恰当，老师就可以先夸奖亮亮。然后慢慢调整为第二个再夸奖他，时间间隔要小，强化速度要快，并在夸奖其他小朋友之前，告诉亮亮"等一等也很棒"或出示"等一等"的图片。只要亮亮在等待时没有出现问题行为，就要大力强化（超越平时的强化强度）。要让他明白，等一等也能得到老师的夸奖，并且是大奖。然后再调整到第三个夸奖他，直到亮亮无论排在第几个被夸奖都能接受。

2. 如果在操作过程中，亮亮出现了向老师吐口水的行为，老师绝对不能对他表现出任何关注（如语言或者眼神的关注等）。只有当亮亮行为适当的时候，老师才可以关注他。或者只有当他能用正确的语言、方式表达自身感受的时候，才可以关注他。

3. 通过进一步分析可知，亮亮在得不到老师第一关注的时候，不会使用正确的语言来表达自己的意愿，而是通过"吐口水"的问题行为来表达。因此，老师要教他使用功能性的语言，学会说"老师，先奖励我吧""老师，我等不及了""老师，下一个给我好吗"等。

4. 根据亮亮的能力，通过社交故事来教导他，再遇到这样的情况应该如何去做。

5. 要改变亮亮的问题行为，必须给其一定的适应时间，并逐渐把目标提高。只要儿童有了一点变化，就要及时去强化，并且强化物效能要足够强大。只要坚持下去，亮亮的问题行为就会随着时间的推移而逐步好转。

## 扔玩具

姓名：晓晓　　性别：男　　年龄：5岁

**行为描述**：妈妈在厨房做饭，晓晓自己在客厅玩耍。晓晓喊了妈妈几声，由于厨房抽油烟机的声响很大，妈妈没听到，没有回应，晓晓便开始把正在玩耍的积木一个一个地扔到厨房的门上，并哈哈大笑。

**功能假设**：老师对晓晓的这种行为进行了功能分析，假设晓晓把积木扔到门上的前提是妈妈在做饭，没有关注他，其强化物是引起妈妈的关注。为了验证这一假设，妈妈在做饭的时

候仍然不去关注晓晓，晓晓依旧出现扔东西的行为，这时，妈妈马上给予关注，并陪伴晓晓玩玩具，晓晓不适当的行为马上就终止了。由此可以推断出，引起妈妈的关注是此问题行为的强化物。

解决方案：

1. 晓晓要求妈妈与其互动玩耍，这是非常好的，但是晓晓在这样的情境下不能用正确的方式来引起妈妈的关注。在有辅助者的情况下，可以在孩子的问题行为出现之前就及时辅助他走向妈妈，提出自己的要求，妈妈此时可以立即满足他的要求。

2. 如果由于妈妈没有关注而导致晓晓出现了扔东西的行为，这时妈妈绝对不能对他表现出任何关注（如语言或者眼神的关注等）。可以尝试转移其注意力。只有当晓晓行为适当的时候，妈妈才可以关注他。或者只有当他能用正确的语言、方式表达自身感受的时候，才可以关注他。

3. 通过进一步分析可知，当妈妈有事情做、不能关注晓晓的时候，可以给晓晓设计一些他比较感兴趣而且结构性比较强的活动让他完成，也可以利用定时器，提示晓晓在完成任务或者到一定时间之后，便可以获得妈妈的关注。

4. 对于晓晓的问题行为，要给其一定的适应时间，并做好预防工作，教导儿童如何正确引起妈妈的注意。随着时间的推移，这种不恰当的行为便会逐渐减少。

# 第四章　逃避行为

## 用下巴压手背并且头部颤抖

**姓名：小杰　　性别：男　　年龄：4 岁**

**行为描述**：上个训课时，老师给小杰布置了两项任务：物体操作模仿、物与物配对。前一项任务小杰顺利完成，轮到第二项任务物与物配对时，小杰能从三种物品中找出与指定物品完全相同的物品，但当老师把任务增加到要配对三样物品时，小杰的右手紧握成拳头，手背使劲抵着下巴，头部在颤抖。

**功能假设**：老师对小杰的这种行为进行了功能分析，假设小杰用下巴使劲压手背、头部颤抖的前提是老师把任务增加到要配对三样物品，其强化物是引起老师的关注或逃避这一学习任务。为了验证这一假设，老师让小杰从三种物品中找出与指定物品完全相同的物品。由于没有额外增加训练任务，小杰没有出现问题行为。由此可以推断出，逃避学习是小杰问题行为的强化物。

**解决方案：**

1. 通过对小杰物与物配对操作这项任务的评估，发现小杰最多只能配对两样物品。当调整任务，将配对物品的数量减少后，小杰就不再出现使劲用下巴压手背和头部颤抖的行为。下一次老师再交给小杰配对三样物品这个任务时，当小杰顺利把两样物品配对完成，出现逃避行为之前，老师辅助他配对第三样物品，小杰就没有出现使劲压手背的行为。

2. 为了提升小杰配对物品的数量，老师还是给小杰布置相同的任务,从三种物品中找出与指定物品完全相同的物品(三种物品都是儿童喜欢的)。当小杰把两样物品配对完成的时候,老师把三样物品中的一样换成另一种常见物品,小杰做对了,老师立刻就给小杰强化物(小杰喜欢的海绵宝宝玩具)。随后逐渐增加物品配对的数量。

3. 通过进一步分析可知,小杰遇到不能自己完成的事情时,不会使用正确的语言来表达自己的意愿。因此,老师要教他学会使用语言,例如说"我不会""老师教我"。当小杰用语言表达的时候,老师要给予关注。

4. 如果老师在给小杰布置训练任务的时候,对小杰完成任务的能力能做出客观的评估,布置适当的任务量,就可以使他避免因为任务量过多而出现逃避行为。

5. 当儿童出现压手背等问题行为时,老师可以忽略儿童的行为,不给其语言指令,如"不要压手背"。要保持表情冷静,不流露任何情绪,不同情,也不生气。当儿童冷静下来后,继续给予同样的指令,并且辅助儿童完成任务。

## 用手堵嘴巴

姓名:诗涵　　性别:女　　年龄:4岁

行为描述:上个训课时,妈妈坐在诗涵的后面,当妈妈在诗涵耳边说话、教她的时候，她会把妈妈的嘴巴用手堵住，扑到妈妈的怀里，不让妈妈说话。之后，只要妈妈一张嘴说话，她就会把妈妈的嘴巴堵住。

功能假设：老师对诗涵的这种行为进行了功能分析，假设诗涵用手堵住妈妈嘴巴的前提是妈妈在她耳边说话、教她，其强化物是引起妈妈的关注或逃避学习任务。为了验证这一假设，当妈妈在诗涵耳边教她的时候，老师特意在她旁边观察，这时诗涵就会用手堵住妈妈的嘴巴。当妈妈不说话，停止教她时，诗涵也就不会堵住妈妈的嘴巴了。由此可以推断出，逃避学习是诗涵堵妈妈嘴巴的强化物。

解决方案：

1. 通过和诗涵妈妈的沟通，老师发现，这位妈妈的嗓门比较大，埋怨的话很多，爱唠叨，说话语气生硬。因此，老师建议诗涵妈妈在和诗涵说话时，和孩子拉开一点距离，压低声音，语速要缓慢，语气要温和。

2. 很多时候，儿童产生逃避行为的根源在于家长。家长不要总要求儿童做这做那，以免他们逃避我们。妈妈教儿童、提要求的同时，要把自己的一些有趣的事情一起展现给儿童，也要把儿童已经会做的简单任务和一些难的任务结合在一起，提高儿童的积极性，不伤害儿童的自信心。

3. 当儿童听到让他不舒服的声音时，老师可以教给他逃避的恰当方法，比如自己用手捂住耳朵。当诗涵遇到不能完成的任务时，要使用正确的语言来表达自己的意愿，如："妈妈，说话声音小点。"当诗涵提出要求的时候，妈妈就要给予关注，让儿童学会正确的交流。

4. 在教学中，要注意根据儿童的能力来提要求，以便儿童在教学环境中尽量保持放松的状态。避免儿童出现不恰当的行为，也能提高儿童的学习能力及与老师配合的能力。

## 不进教室、哭闹

**姓名：睿睿　　性别：男　　年龄：3岁**

**行为描述**：睿睿是新到培训中心的一个孩子，上了两天个训课都没哭，第三天，妈妈又带着他去上课，睿睿就不进教室了，使劲哭闹，满头大汗。

**功能假设**：睿睿在教室外哭闹的前提是进教室，其强化物是引起妈妈的关注或逃避进教室。为了验证这一假设，当妈妈带睿睿往教室走时，他就哭闹。当妈妈带他离开时，他就不哭闹了。由此可以推断出，逃避进教室是睿睿哭闹的强化物。

**解决方案**：当儿童离开家长进入一个陌生的环境后，接触到新环境、新老师，就会感到紧张、惧怕，产生不安的情绪。这时，对亲人的依恋感特别强。要想消除孤独症儿童的这些情绪，需要老师、家长密切配合。

1. 家长送睿睿进教室时，要面带微笑，用自己良好的情绪去感染孩子。

2. 告诉老师睿睿的喜好及一些特殊的需求，以便老师更快地了解睿睿。家长可以带一些睿睿最心爱的玩具给他到教室玩玩，使他对教室产生亲切感。

3. 睿睿在教室哭闹时，不要急于去哄劝，要让他干他自己喜欢的事情，增加活动的动机。在他自己活动时，老师要细心观察他的活动，找到他的兴趣点，恰当地参与进去，和睿睿互动。

4. 要给睿睿自由，不要过多地干涉他，让他感到在这个环境中是安全的、放松的、不受限制的。等待睿睿慢慢平静下来，接受新环境。

5. 睿睿平静下来后，老师可以让他做一件不反感也不是很喜欢而且特别容易完成的任务，睿睿完成后，及时给予强化（强化物评估表明，睿睿最喜欢玩雪花片）。

6. 进一步的分析表明，睿睿不能正确使用语言表达自己的意愿。因此，老师要教睿睿使用功能性语言，学说"我不想进教室"等。

7. 如果老师对睿睿做了详实客观的评估，给其提供适当的教学任务，就有可能使他避免出现逃避行为。

## 尖叫打滚

**姓名：豆豆　　性别：男　　年龄：5 岁**

**行为描述：** 在课堂上，老师让孩子们站在"小脚印"上，让孩子模仿老师，一起做大动作操。这时，豆豆开始在教室里溜达。当老师提醒豆豆站在"小脚印"上与老师一起做操时，豆豆就会对着老师尖叫，并且躺在地上打滚。

**功能假设：** 老师对豆豆的这种行为进行了功能分析，假设豆豆对着老师尖叫并且躺在地上打滚的前提是老师让豆豆站在"小脚印"上，强化物是引起老师的关注或逃避学习任务。为了验证这一假设，老师让豆豆站在"小脚印"上。这时，豆豆就对着老师尖叫并且在地上打滚，老师不让他站在"小脚印"上后，他也就不尖叫打滚了。由此可以推断出，逃避学习是豆豆尖叫和打滚的强化物。

**解决方案：**

1. 通过对豆豆大动作模仿能力的评估发现，豆豆只能进行一步模仿，不能进行连续模仿，同时也不能手脚一起做动作模仿。当调整模仿的难度，将连续模仿改为一步模仿之后，豆豆在做模仿动作操时就不会有尖叫或者打滚的行为了。老师可以给儿童分解教学，将动作模仿的难度降低，先从简单的一步模仿开始教，等儿童的模仿能力提高后，再逐渐提高模仿的难度。可以先进行两步模仿或者多步模仿，最后再过渡到手脚并用、一起模仿做动作。

2. 为了提高豆豆的模仿能力，当老师要求儿童一起做模仿动作操的时候，老师可以贴一个小贴画在他身上（儿童特别喜欢小贴画），鼓励儿童继续保持模仿学习，加强学习的动力。同时，逐渐延长强化的时间，让儿童保持好学习的状态。

3. 进一步的分析表明，豆豆遇到不会做的事情时，不能使用恰当的语言来表达自己的意愿，所以老师要教导他使用语言，学会说"我不会，太难了""我不会，我先看看"。如果豆豆在学习的过程中说出"我不会，太难了"，我们就应该给予关注，因为这个时候豆豆是在正确地交流。但是要注意分辨儿童到底是真的不会，还是有意逃避教学。这就需要老师在当时的教学环境下做出评估。

4. 如果老师能够在教学时给豆豆做出客观的评估，给其布置难度合适的任务，就有可能避免他因为任务太难而出现的逃避行为。

## 号啕大哭

姓名：果果　　性别：女　　年龄：4岁

**行为描述**：妈妈让果果一个人去卫生间洗手，她会先在卫生间门口小心翼翼地听，如果没有声音，就会大胆地自己进去洗手。但是，如果果果在洗手时听到其他儿童上完厕所后冲水的声音，她就会立刻号啕大哭着跑出来，再也不进卫生间。

功能假设：老师对果果的这种行为进行了功能分析，假设果果哭的前提是听见别人冲马桶的声音，其强化物是引起关注或逃避去卫生间。为了验证这一假设，第二天，妈妈再让果果一个人去卫生间，老师在门口观察。果果安静地洗手，当一个小朋友进去小便完冲水时，果果又立刻哭着跑出来。由此可以推断，逃避冲马桶的声音是果果哭的强化物。

解决方案：

1. 通过对果果感知觉中听知觉的评估，发现果果对低频的声音、突发声音很敏感，会出现捂耳朵的动作。但如果不是突发的声音，例如敲击打击乐器、最常见的敲鼓，声音由低到高，鼓声由远到近，果果就不会哭和捂耳朵。

2. 果果去卫生间洗手时，老师拿一个盆接水，让果果习惯边洗手边听流水的声音。盆里有一点水后，老师突然倒掉水，观察果果的反应。她只是看了一眼，老师就给她最喜欢吃的山楂。就这样，老师反复接水、倒水，声音由小到大，如果果果有些怕了，老师就停止。如此反复训练，半小时一次，直到果果完全适应这声音。

3. 果果小便完，老师用盆接水冲，让她理解解手后就要冲水，同时观察果果。果果在老师冲水时很害怕，但是没有哭，也没有跑出去。

4. 老师教儿童使用功能性语言,学说"我怕,别冲水"。

5. 在日常生活中,留心观察儿童,避免他们因为害怕而出现的逃避行为。

## 扔铅笔、揉纸团

**姓名:毛毛　　性别:男　　年龄:6 岁**

**行为描述:** 妈妈在家里让毛毛写一页汉字,当写到第三行的时候,毛毛说:"我不想写字。"然后就把铅笔扔在地上,把纸揉成一团。

**功能假设:** 老师对毛毛的这种行为进行了功能分析,假设毛毛把笔扔在地上、把纸揉成一团的前提是妈妈让他写字,其强化物是引起妈妈的关注或逃避学习任务。为了验证这一假设,当妈妈让毛毛写一页汉字的时候,妈妈特意在他旁边看着他完成。当他写到第二行的时候,妈妈就不让他写了,毛毛也就没有把笔扔了或把纸揉成一团了。由此可以推断出,逃避学习是毛毛扔铅笔、揉纸团的强化物。

**解决方案:**

1. 通过对毛毛写字这项任务的评估,发现毛毛最多只能写两行字。可以调整任务,减少写字的数量,这样毛毛在写字的时候就不再扔笔、揉纸团了。妈妈可以给他分组分次来安排写字任务，把写一页字的任务分解成几个写两行字的任务来完成，最后毛毛也就能完成写一页字的任务了。

2. 为了能够让毛毛写字的数量变多，当毛毛写完两行字的时候，妈妈可以再让毛毛在第三行里写一个字。当毛毛在第三行写完第一个字后，就要给他强化物（毛毛喜欢动车玩具）。然后逐渐增加写字的数量，过渡到四行、五行直至一页。

3. 当毛毛遇到不能坚持完成的事情时，不会用正确的语言来表达意愿，所以妈妈要教导他使用语言，学会说"太多了，我一下写不完""我累了，我想休息一下"等。当毛毛表达的时候就要给予其关注，例如他说"我不想写了"，我们就应该给予一些关注，因为这个时候毛毛是在正确地交流。

4. 妈妈在给毛毛布置作业时，应对毛毛写字最长能到什么程度做个客观的评估，布置的学习任务合适，就有可能避免孩子因为任务量过多而出现逃避行为。

## 瞪大眼睛笑着看老师

**姓名：小雨　　性别：女　　年龄：5岁**

**行为描述**：上个训课时，老师给小雨布置的任务是沿线剪纸、仿搭积木、涂色。小雨顺利完成了前两个，第三项任务涂色的要求是用油画棒涂颜色，颜色要涂匀，不能涂出线。小雨刚开始涂色时还比较均匀，也没有出线，涂到三分之一时，她突然放下油画棒，瞪大眼睛笑着看老师，面对着老师的脸，慢慢靠近老师。

功能假设：老师对小雨的这种行为进行了功能分析，假设小雨瞪大眼睛笑着看老师，并慢慢靠近老师的前提是老师让小雨用油画棒涂颜色，颜色要涂匀，不能涂出线，其强化物是引起老师的关注或逃避这一学习任务。为了验证这一假设，当老师让小雨涂颜色的时候，老师在她旁边看着。当她涂到三分之一时，老师让她停下来，这时，小雨就没有出现问题行为了。由此可以推断出，逃避涂色是小雨问题行为的强化物。

解决方案：

1. 通过对小雨涂色这项任务的评估发现，小雨最多只能涂到图画的三分之一。于是老师将涂色的图画缩小，这之后，小雨在涂色的时候就不再瞪大眼睛笑着看老师，面对着老师的脸、慢慢靠近老师了。

2. 老师可以不让小雨一次涂完整个图画，而是把图画分成几个部分，先让小雨涂她最感兴趣的部分，涂完后老师就给小雨玩她最喜欢玩的"娃哈哈"瓶子。然后让小雨再涂两个部分，涂之前，老师让小雨从油画棒盒子里挑一种自己喜欢的颜色，涂完后给予强化物（她喜欢拧瓶盖），逐渐增加涂色的面积，直至小雨能一次涂完。

3. 通过进一步分析可知，小雨遇到不能坚持完成的事情时，不能使用正确的语言来表达自己的意愿，所以老师要教导她使用语言，学会说"我不喜欢涂色""我累了，要休息一下"等。当小雨表达的时候就要给予关注，如小雨在涂色过程中说"我不想涂了"，老师就要立刻给予关注，因为这时小雨是在正确地使用功能性语言和老师交流。

4.老师在给小雨布置训练任务前，要对小雨涂色的能力进行观察，对她涂色能坚持多长时间做个客观的评估，给她提供感兴趣的颜色和组合图以及适当的任务量，这样就有可能避免孩子因为对涂色不感兴趣和任务量过多而出现问题行为。

## 找托词、不做任务

**姓名：天天　　性别：男　　年龄：6岁**

**行为描述**：天天在课堂上需要完成三项任务，分别是按规律穿珠子、界内涂色、相距5厘米的两个点连直线。他每次做两点连直线时都会说"我要尿尿""我要找妈妈"，还试图站起来去教室的另一头拿玩具。

**功能假设**：老师对天天的这种行为进行了功能分析，假设天天说"我要尿尿""我要找妈妈"，试图去拿玩具等行为的前提是完成学习任务，其强化物是引起关注或逃避学习。为了验证这一假设，当天天做两点连直线这项任务时，老师特意待在他旁边看着他完成。而他仍旧说"我要尿尿""我要找妈妈"。当老师把此项任务取消后,上完一节课天天都没有说"我要尿尿""我要找妈妈"或跑去拿玩具。由此可以推断出逃避学习是天天这些问题行为的强化物。

**解决方案:**

1. 通过对天天完成两点连直线这项任务的评估,发现天天独立执笔连线的距离只能达到3厘米。为此,老师调整了任务的难度,将两点之间的距离由5厘米缩减到3厘米。这之后,天天在课上就不再说"我要尿尿""我要找妈妈"之类的话了。

2. 为了塑造天天的新技能,先让他做两点之间相距3.5厘米的连线,这时候老师要给予适当的辅助,帮助其完成,待他完成10个(通过评估确定可以完成的任务量)这样的连线后,给其强化物,让他玩(通过强化物评估,天天最喜欢玩托马斯火车),计时器铃声响后收回玩具火车。反复密集练习,直到他可以独立完成。逐步增加两点之间的距离,如由3.5厘米增加到4厘米。

3. 进一步的分析表明,当天天遇到不会做的事情时,不能使用正确的语言来表达自己的意愿,所以老师要教导他使用功能性的语言,学会说"老师帮帮我"等。

4. 如果老师在课前对天天的手部精细领域做了详实而客观的评估,给其布置适当的学习任务,就有可能避免他因为任务太难而出现逃避行为。

## 打滚、咬人

**姓名：亮亮　　性别：男　　年龄：4岁**

**行为描述**：周六上午，爸爸和妈妈带亮亮去陶然亭公园玩。到了公园门口，亮亮拒绝进去，躲在妈妈的身后不肯向前走，又哭又闹。妈妈俯下身跟他讲"里面有好玩的旋转木马，还有恐龙模型"（坐旋转木马、玩恐龙模型都是亮亮所喜欢的），亮亮还是不肯进去。爸爸就强行拽他进去，亮亮于是躺在地上打滚，并且在爸爸手臂上咬了一口。最后，去公园玩的计划泡汤了，一家人很不高兴地回家了。

**功能假设**：爸爸妈妈将亮亮发生的事情告诉老师，老师对亮亮的这种行为进行了功能分析，假设亮亮出现问题行为的前提是新环境，其强化物是逃避新环境。为了验证这一假设，老师询问亮亮的爸爸妈妈，平时是否经常带亮亮到不同的地方去，他在新环境中有没有不适当的行为表现，这是第几次去陶然亭公园，去之前有没有告诉他时间、地点、在公园里要进行什么活动等。老师还问了那一天亮亮身体是否不舒服，以前在新的环境中，亮亮出现不适当的行为是怎么处理的。亮亮的爸爸妈妈做了比较客观的答复：平时很少带亮亮到不同的环境中去。每当进入一个新环境时，亮亮都会哭闹拒绝，爸爸妈妈就只好带他离开。这是第一次带亮亮去陶然亭公园，去之前也没有告诉他任何信息。亮亮那天身体没有不适。由此可以推断，逃避新环境是亮亮又哭又闹、躺在地上打滚、咬爸爸的强化物。

**解决方案：**

1. 在生活中，要让亮亮经常有机会接触新环境，慢慢增强他对新环境的适应能力。从他喜欢的不嘈杂的环境入手，循序渐进，一步一步让他适应各种不同的环境。如果孩子具备了选择和拒绝的能力，也就可以表达不去的意愿。

2. 去陶然亭公园之前就应该告知亮亮，要去哪里，和谁去，在那儿要做什么。

3. 带上亮亮熟悉、喜欢的东西去。提前告诉亮亮有关的信息和带上他熟悉、喜欢的东西，都是为了降低他的焦虑感。不过，即使做了积极、正面的干预和预防，在实际场景中孩子仍然可能出现不适当的行为。

4. 当观察发现亮亮的焦虑上升到一定程度时，在他发生问题行为之前就要带他离开。当问题行为发生时，不要马上带他离开。待问题行为停止后，先让他做一件简单的事情，然后再带他离开。

## 发脾气、掀翻东西

**姓名：子木　　性别：男　　年龄：7 岁**

**行为描述**：子木上了学前班，每天下午回家都要写老师布置的作业。每次写作业的时候,他都会边写边玩橡皮或者桌子上的其他东西,大概每隔5分钟左右,还会站起来,到其他屋子转悠。妈妈要求他坐下来安静地写作业,他会说:"我累了,要休息一下。"于是妈妈严厉要求他写作业的时候不许站起来,如果站起来还到处转悠的话,就不许看电视了,但是子木还是做不到。晚上,妈妈不许他看电视,他就会大发脾气,把桌子上的东西都掀翻到地上。

功能假设:假设子木边写边玩手上的东西,站起来在屋子里转悠,说"我累了,要休息",不被允许看电视就大发脾气等行为的前提是作业难度大或者是不能安坐太长时间,其强化物是逃避写作业。为了验证这一假设,妈妈检查他写的作业,答案都正确。但他每次写作业的时候边写边玩东西,每隔5分钟左右还要站起来。由此可以推断出,作业难度大不是子木逃避学习的强化物,而不能安坐下来专心写作业才是子木逃避学习、产生问题行为的强化物。

解决方案:

1. 移除桌子上所有不必要的东西,避免子木写作业的时候用手去拿。

2. 用计时器定5分钟。如果在计时器响之前,子木没有离开椅子,晚上就可以看5分钟的电视,并且要夸奖他"很棒"。

3. 在桌子上摆上两样东西,用计时器定6分钟。如果在计时器响之前，子木既没有离开椅子，也没有去拿桌子上的东西，晚上就可以看 8 分钟的电视，同时也要夸奖他做得很好。

4. 在他能够独立完成作业的前提下，逐渐延长他安坐的时间，直到他把一篇作业都写完，晚上就可以让他看 15 分钟的电视。慢慢地撤销物质或活动强化，只给他语言赞美，他就能很好地安坐、专心写作业了，让写作业这个事情本身成为对子木的一种自然强化。

## 扔东西、哭闹

**姓名：甜甜　　性别：女　　年龄：4 岁**

**行为描述**：甜甜有两项任务要完成，一项是按规律套套环，一项是把袜子夹到衣架上。完成两项任务后，老师允许她去"懒骨头"沙发上玩。但每次做任务她都会把套环和袜子扔到地上，然后躺在地上哭闹。老师只好让她去"懒骨头"沙发上玩，这时她就不再哭闹了。

**功能假设**：老师对甜甜的这种行为进行了功能分析，假设甜甜把套环和袜子扔到地上、躺在地上哭闹等行为的前提是做任务，其强化物是逃避做任务。为了验证这一假设，老师降低了任务的难度，让她做套套环、插插片等简单任务，但她还是把套环、插片扔到地上，然后躺在地上哭闹。老师就让她去"懒骨头"沙发上玩,她就不再哭闹。老师把任务换成甜甜平时喜欢做的拼拼板和插棍儿。她还是把拼板和插棍儿扔到地上,然后躺在地上哭闹。让她去"懒骨头"沙发上玩,她就不再哭闹。由此可以推断,想去"懒骨头"沙发上玩、逃避做任务是甜甜扔东西、哭闹的强化物。

解决方案:

1. 甜甜不具备口语交流沟通的能力,只能仿说3~4个字。老师将按规律套套环和在"懒骨头"上休息的图片从上到下粘贴到工作桌上。老师指着按规律套套环的图片,提示她要先完成任务,并把套环数量降低到5个(平时她可以独立完成10个套环)。她不想做、发脾气,老师就辅助她先完成5个套环,再辅助她揭下按规律套套环的图片,放到盒子里,表示这个任务已经完成。然后让她揭下在"懒骨头"上休息的图片,粘贴到"懒骨头"旁边的墙壁上,她就可以在"懒骨头"上玩。把计时器的时间定为3分钟,计时器一响,她就要回到工作桌继续完成任务。通过视觉提示,让甜甜明白:只有完成一项任务,才能去"懒骨头"上玩耍。

2. 当甜甜明白完成任务和去"懒骨头"上玩耍的因果关系后,便可以增加套环的数量。当甜甜很好地先完成一项任务再去"懒骨头"上玩耍时,就可以在任务栏上增加其他任务,由一项直到多项。

## 用手连续击打头部

**姓名：茜茜　　性别：女　　年龄：4岁半**

**行为描述**：每天下午，家人都会安排茜茜做一些手部精细练习，例如剪纸、描红。在茜茜做任务的时候，妈妈会走过来看看她完成的情况，这时，茜茜就会用手连续击打头部。妈妈担心她会打坏自己，就让她到沙发上休息。妈妈以为给茜茜布置的任务太难了，就换成了其他任务。可是每当妈妈过来看茜茜的时候，她仍旧用手连续击打头部，妈妈只好再让她去沙发上休息。

**功能假设**：老师对茜茜的这种行为进行了功能分析，假设茜茜用手连续击打头部的前提是做任务，其强化物是逃避做任务。为了验证这一假设，老师询问妈妈在茜茜做任务的时候还会有谁去看她，妈妈说，茜茜的爸爸也会去看她。老师又继续询问，当爸爸去看茜茜的时候，她是否也会用手连续击打头部。妈妈说，也会，但是爸爸不会让她去沙发上休息。后来爸爸再去看她，她就不再击打头部了。老师就让妈妈不去看她，观察她是否还会出现击打头部的行为。茜茜会很快地完成任务，什么也没发生。由此可以推断，趁妈妈去看茜茜的时候逃避做任务是茜茜用手连续击打头部的强化物。

**解决方案**：

1. 既然茜茜能够独立完成单位时间内的任务，妈妈就可以不去看她，以便锻炼茜茜独立做事情的能力。

2. 在茜茜做任务的时候，如果妈妈想去看，但茜茜又用手击打头部，这时，妈妈可以用身体阻挡，不让茜茜击打头部。如果阻挡无效，妈妈可以忽视茜茜的行为（因为茜茜击打头部的力量很小，不会伤害到自己），让她继续完成任务，不让她去沙发上休息。

3. 问题行为彻底消失之前都有可能会爆发。茜茜以前的经验是妈妈看到自己击打头部就会让自己去沙发上休息。当妈妈不再让她去沙发上休息时，她很可能会加大击打头部的力度或者提高频率，也会伴随出现更加严重的伤害自己或者损坏物品的行为。妈妈要在保证其个人安危的同时，忽视她击打头部的行为，待她情绪稍稍稳定下来，再让她继续完成任务，但这时交给她的任务应该是总任务中很小的一部分，待茜茜完成后，立即让她到沙发上休息。

对茜茜的语言评估表明，她目前还不具备语言沟通的能力，只能仿说三到四个字。茜茜的语言理解能力弱，听不懂妈妈在说什么。所以妈妈在处理茜茜的问题行为时，不要有过多的言语辅助，例如"你不要打头""你要安静地继续完成任务""打头是没用的"等等。我们要教给茜茜的是，不要通过击打头部来表达坐在沙发上休息的要求。同时要让茜茜知道，只有完成任务后才能坐在沙发上。

4. 评估茜茜独立完成任务的时间，把需要做的任务拍成照片粘贴在任务栏上（任务栏可做成一个长条板的形式），坐沙发的照片粘贴在任务后面。每做完一项任务，就撕下表示该任务的图片。让茜茜明白，只有完成任务后才可以坐在沙发上。这样就很可能避免问题行为的发生。

## 哭闹、不拿勺子吃饭

**姓名：阳阳　　性别：男　　年龄：4岁半**

**行为描述：** 妈妈每次让阳阳自己拿勺子吃饭的时候，阳阳都会哭，拒绝拿勺子吃饭。妈妈辅助阳阳拿勺子，他还是哭。要求他继续吃饭的时候，他就躺在地上哭闹。

**功能假设：** 老师对阳阳的行为进行了功能分析，假设阳阳躺在地上哭闹这一行为的前提是不想拿勺子吃饭，或者是拿勺子吃饭的难度大，或者是不想吃饭，其强化物是逃避。为了验证这一假设，在阳阳吃饭之前不给其任何零食，等到吃饭的时候，妈妈不是让阳阳拿勺子自己吃饭，而是拿勺子喂阳阳吃。这时，阳阳不哭闹也不拒绝，情绪很好。妈妈换成用筷子夹饭给他吃，他也不拒绝、不哭闹。由此可以推断，拿勺子自己独立吃饭是阳阳躺在地上哭闹这一行为的强化物。

**解决方案：**

1. 通过对阳阳精细动作的评估，阳阳的小手肌肉力量较弱，灵活度也较差。要系统、密集地加强精细动作的训练，从而提高手眼协调能力。

2. 拿勺子吃饭对于阳阳来说有一定的难度，为了避免发生情绪问题，可以将拿勺子吃饭的任务进行任务分解，再用逆向链接的方法进行教授。任务分解如下：

①盛饭的碗和勺子放在桌子上，拿起勺子。

②勺子拿在手里，将勺子放进碗里的饭中。

③勺子放进饭里，将饭盛到勺子里。

④饭在勺子上，将一勺饭从碗里舀起来。

⑤拿着一勺饭，将饭放入嘴里，强化物（吃到饭）。

3. 教授的时候，要从行为链中的最后一个步骤（如上文的步骤⑤）教起，这样就起到了自然强化的作用。教授的时候也要评估阳阳需要辅助的阶段是需要全躯体辅助还是需要半躯体辅助。通过评估得知，阳阳需要全躯体辅助，妈妈就要将饭盛到勺子里，递给阳阳，然后握着阳阳的手拿住勺子，将饭放到他嘴里。当阳阳对这一动作越来越熟悉的时候，妈妈就可以稍稍握住他的手，慢慢撤销对他的辅助，直到他能够自己独立完成这一步。然后再学习倒数第二步（步骤④），依此类推。将所有的步骤连接起来，就可以让阳阳独立完成拿勺子吃饭的任务了。

## 前后晃动椅子

**姓名**：东东　　**性别**：男　　**年龄**：4岁半

**行为描述**：在上语言课的时候，每次老师给东东讲故事并且向他提问时，他便开始看天花板，并且前后晃动自己的椅子，影响教学的正常进行。

**功能假设**：老师对东东的这种行为进行了功能分析，假设东东看天花板并且前后晃动自己的椅子的前提是老师给他讲故事并向他提问，其强化物是引起老师的关注或逃避学习任务。为了验证这一假设，当老师在给东东讲故事并向他提问的时候，特意观察他，发现他仍旧有上述行为。而当老师拿走故事书，不给东东讲故事时，他一节课都不会有看天花板和前后晃动椅子的行为。由此可以推断，逃避学习任务是东东出现此问题行为的强化物。

**解决方案**：

1. 东东的语言能力不是很好，刚开始学说话，目前只能仿说3～4个字。通过对东东的评估发现，东东对讲故事类的项目没有兴趣，但是能够在老师的提示下完成看图说话，多次练习后能够独立完成。可以根据他的接受能力，在上课之前调整任务难度，将讲故事的项目换成看图说话：一开始选用简单的故事，把故事书的每一页用相机拍成图片，打印出来，再让孩子用一句话来描述。要及时给予东东语言上的提示，只要东东保持良好的学习状态,就要给予强化,逐步培养他对讲故事项目的兴趣。经过反复练习,一点一点地给孩子增加难度,并泛化多种故事,直到孩子能够独立完成。如果孩子对电脑很感兴趣,可以把故事书做成PPT形式或者播放动画片,然后通过电脑来讲故事。

2. 进一步的分析表明,当东东遇到不想做的事情时,不会用正确的语言来表达自己的意愿,所以老师要教导他使用功能性的语言,学会说"老师我不想看故事书""老师帮帮我"等。

3. 如果老师在课前对东东的语言情况做了详细客观的评估,布置了适合的任务,并且强化物的效能足够强大,就有可能避免东东因为任务难而出现逃避行为。

## 躺在地上打滚

**姓名:哲哲　　性别:男　　年龄:5 岁**

**行为描述**:放学了,哲哲奶奶从幼儿园接哲哲回家。在路上,当奶奶问哲哲"在幼儿园中午吃了什么饭"时,哲哲就开始躺在地上打滚,并大声喊:"包子、包子!"

**功能假设**:经过了解老师得知,哲哲每次回答这样的问题,答案都是"包子",而奶奶听到这样的答案时,总是喋喋不休地对哲哲说"是包子?再好好想想""连中午吃什么都不

第四章　逃避行为

记得了，回家不给你看动画片了""是不是中午老师没给你吃饭呀""怎么天天吃包子，你能不能好好说"等。哲哲不知道如何应答，就出现了情绪问题。而当哲哲出现问题行为时，奶奶就停止发问，带他回家。

老师对哲哲的这种行为进行了功能分析，假设哲哲躺在地上打滚并大声喊叫这一行为的前提是奶奶问他"幼儿园中午吃什么饭"，其强化物是逃避回答奶奶的问题。为了验证这一假设，当放学后哲哲奶奶接他回家时，仍然问他"在幼儿园中午吃了什么饭"，哲哲依旧躺在地上大声喊"包子，包子"，此时，奶奶马上对哲哲说"知道了，我们回家啦"，哲哲就站起来，跟着奶奶回家了。只要奶奶不再询问此类问题，哲哲便不会再出现上述问题行为。由此可以推断，逃避回答问题是哲哲此行为的强化物。

解决方案：

1. 经过对哲哲的语言能力进行评估以及询问幼儿园老师发现，哲哲不能在下午放学的时候回答出"中午吃什么"这一问题，所以此类问题如果要在哲哲放学的时候询问的话，首先要和幼儿园老师沟通好，提前知道哲哲中午在幼儿园用餐的情况，知道他都吃了哪些饭菜，以便在他答不上来或出错的时候及时提示他。

2. 准备好儿童的强化物，问他"中午在幼儿园吃了什么"。如果吃的是面条，及时提示哲哲"面条"。当儿童仿说后，立刻给予其强化（通过强化物评估发现，哲哲最喜欢小贴画，可以把小贴画贴在他的衣服上）。重复练习，逐渐撤除辅助，直到哲哲能独立回答出来即可。

3. 通过进一步分析可知，当哲哲遇到回答不了的问题时，不能使用正确的语言来表达自己的意愿，所以家长要教导他使用功能性的语言，学会"我忘记了，奶奶帮帮我""我不想回答这个问题，换一个问题吧"等。

4. 如果家长在提问前对哲哲的语言、理解能力做了详细而客观的评估，并且提前和幼儿园老师沟通，就有可能避免因为任务太难而导致出现逃避行为。

## 尖叫、甩手和打滚

**姓名：多多　性别：男　年龄：4岁**

**行为描述**：多多的头部触觉非常敏感，特别排斥电动推子，每次爸爸都是在他睡着的时候给多多理发，经常理得头发一块长一块短。如果不在他睡着后理发，他会出现尖叫、甩手和打滚的行为。

**功能假设**：老师对多多的这种行为进行了功能分析，假设多多尖叫、甩手和打滚的前提是爸爸给他理发，其强化物是逃避理发这一任务。为了验证这一假设，在爸爸给他理发的时候，老师特意观察多多，而他仍旧出现尖叫、甩手和打滚等问题行为。而当爸爸拿走电动推子，说"我们不理发了"，那他一天都不会出现问题行为。由此可以推断，逃避理发是多多问题行为的强化物。

**解决方案：**

1. 由于多多是触觉高敏的孩子，要使用脱敏方法来帮助他逐渐接受理发。在干预之前，要对多多的头部触觉接受能力做一个简单的测试。打开电动推子的电源假装理发，去接触多多的头发，经过测试得知，多多最多能坚持5秒钟的时间。那么我们就以这个为起点，第一天只要多多坚持了5秒钟，没有出现问题行为，就要大力强化。第二天我们可以尝试把时间延长到6秒钟，可以通过数数的方式，提示多多再坚持一下就好，只要他没有问题行为，就立刻拿掉电动推子，马上给予强化。刚开始要把提升的目标设定得小点，根据多多的接受情况，来逐步延长电动推子接触他头发的时间，每天练习的次数也不宜过多。随着时间的推移，多多会逐渐适应用电动推子理发。

2. 在平时的教学和生活中，也可以设计类似理发的游戏。比如：用纸盒子假装电动推子，和多多玩理发的游戏，爸爸拿盒子在多多头上假装理发，也可以让多多假装用推子来给玩偶理发，进一步提升多多对理发的认知和适应度。

3. 在我们干预的过程中，如果多多坚持不住，将要爆发问题行为，这时，要第一时间辅助其表达"爸爸,我不想理发了""停一下好吗"等，教会孩子用正确的方式来表达自己的想法。只要他表达了，就可以停止干预，换个时间再继续。

4. 等到我们对多多的触觉能力有清楚认识，并且能按照一定的目标逐渐推进训练的时候，在他不适应的时候，及时辅助他学会正确表达，就可以提升他的接受能力，以及改变他为逃避理发而出现的问题行为。

## 哭闹和用手抓老师的脸

**姓名：淳淳　　性别：男　　年龄：7岁**

**行为描述**：在上语文课的时候，老师要求淳淳回答问题，淳淳就对老师说"我要去厕所",老师满足了他的要求。当他回到教室里,老师再次让他回答问题的时候,他仍然对老师说"我要去厕所"。如果老师拒绝,他会一直说"我要去厕所",并哭闹和用手抓老师的脸。

功能假设:老师对淳淳的这种行为进行了功能分析,假设淳淳对老师说"我要去厕所"的前提是老师向他提问,其强化物是引起老师的关注或逃避这一学习任务。为了验证这一假设,当老师向淳淳提问的时候,特意观察了他,而他仍旧发生上述行为。而当老师终止向淳淳提问,换成问别的小朋友时,此行为便会终止。如果整节课老师都不去问淳淳,那他一节课都不会对老师说"我要去厕所"。由此可以推断,逃避学习任务是淳淳此问题行为的强化物。

解决方案:

1. 淳淳目前能仿说5～6个字,想要一些东西时,能用"我要××"来提要求,但是不会用适当的语言拒绝不喜欢的事物或者寻求帮助,这也是淳淳在上课时频繁对老师说"我要去厕所"的原因。在向淳淳提问时,老师要根据其接受能力,在上课之前就调整任务难度,并及时辅助淳淳说出答案。当淳淳通过仿说回答了问题后,老师要及时给予其强化,避免儿童出现此类问题行为。

2. 通过进一步分析可知,当淳淳遇到不想做的事情时,不会使用正确的语言来表达意愿,所以老师要教导他使用功能性的语言,学会说"老师,我不会回答这个问题""老师,帮帮我"等,老师可以在他正确表达后,找其他小朋友来帮助他完成。

3. 如果老师在课前对淳淳的语言能力做了详细而客观的评估,给他布置适当的任务,并且强化物效能足够强大,就有可能使他避免因为任务难而出现逃避行为。

# 第五章 其他行为

第五章　其他行为

## 🍁 公共场合行为不当

**姓名：轩轩　　性别：男　　年龄：5 岁**

**行为描述**：轩轩是个喜欢活动的孩子，经常爬上爬下，速度很快，也不知道规避危险。他在家里经常会从沙发上爬到 1.2 米左右高的柜子上，有时还会直接从柜子上跳下来。妈妈非常担心，害怕他会不小心伤到自己。在公共场合，他也不遵守规矩，看到栅栏就去攀爬。妈妈多次想改变他的这种行为，都没有成功。刚开始时，当妈妈或家人制止他时，他就发脾气、哭闹，甚至尖叫或使劲握住栏杆不肯放手。如果把他的手强行掰开，他就长时间躺在地上哭闹、打滚，不肯起来。再后来，他就用手推人或打人，乃至踢人。

**功能假设**：通过对轩轩问题行为的观察、记录和分析，我们基本了解了轩轩问题行为产生和长期不改的原因。实际上，孩子多动、喜欢攀爬是正常的。轩轩的主要问题是：他的攀爬行为不分场合，他没有能力辨别所处的情境和地点，不懂得这样的攀爬行为会对其他人造成干扰，还有可能对自己造成伤害。

通过对轩轩的这种行为的观察和功能分析，我们觉得轩轩不顾安全隐患，随意攀爬室内外护栏的行为之所以持续，原因之一就是看护人在轩轩出现这种行为时的处理方式不恰当；原因之二是轩轩作为孤独症儿童，他没有能力对所处的环境进行辨别，也不可能把当时的行为与行为的后果进行关联。其实，无论是孤独症儿童还是健全儿童，在他们的成长过程中，大约在两岁左右，就逐步开始接受"不准"的指令。家长（或看护人）会不断教他们学会规避危险。比如：当他们用手去触碰带刺的仙人掌、触摸很烫的物品、遇到带电的家电时……家长都会告诉他们"别碰""不准动""小心"……通过这样的警示和在日常生活中的经验积累，儿童渐渐学会远离危险，保护自己的安全。在这方面的家庭教育上，孤独症儿童和健全儿童应该没有差别。但是，由于孤独症儿童在感知觉方面与健全儿童有差异，他们的家长及看护人在处理这种行为的时候，往往会忽略他们的特点和其中的一些细节。比如，通常家长会以说教的方式对他们讲道理，希望他们不再出现这些危险行为。但对于孤独症儿童来说，效果往往很差，轩轩就是一个很好的例子。他妈妈曾经多次说过他，但他总是不听。

**解决方案**：首先，我们要了解孤独症儿童的特点。由于他们和我们的感知觉差异较大，很多儿童是视觉学习型的，他们对视觉信息的敏感度往往好于听觉，因此，当我们向他们传达信息和提要求时，在用口语说出要求的同时，还应该给予他们可以刺激其他各个感官渠道的信息，如视觉信息……对于可能会导致自身受伤，或者可能会对他人造成伤害的行为，可以根

第五章 其他行为

据不同的儿童，在评估他们的个体能力之后，分别运用不同的方法予以解决。如：预防的方法、及时制止的方法……

1. 凡是可能会给儿童自身或他人带来人身伤害的行为，只要出现，就必须严厉制止。比如之前提到的轩轩攀爬室内护栏的行为。家长在制止时要注意以下几点：首先要获得儿童的关注，立即说出"不准"的指令，并出示"不准"的图片。与此同时，家长还要保证身体静止不动，面部表情严肃，所有的信息都在传达一个"不准"的指令。指令发出后，如果儿童没有反应，立即重复"不准"的指令，同时果断地用躯体强制阻断儿童的行为，把儿童从护栏上抱下来。当儿童被抱下来之后，严肃的表情和制止的动作仍然要持续一分钟左右，以确保儿童清楚地知道，我们的要求是不准他有这样的行为。在做行为处理时，家长一定要注意，口语提示要简单明了，用词简练，语气坚定（不用商量的口吻），配合的所有动作、姿势、表情都在同步传达与口语一致的信息。家长的坚定和严肃，对控制儿童的行为有极大的作用，是成功处理儿童这类行为的关键。

2. 对于智力较高、语言理解能力较好的儿童，家长可以在日常情景中采用讲社交故事的方式，提前教授他们一些自身安全保护的常识，提升他们的安全防护意识。同时，按故事的内容进行角色扮演，进行大量的练习，直到儿童自己有了清晰的认知，真正掌握这些技能。

## 只喜欢玩小汽车

**姓名:明明　　性别:男　　年龄:3岁半**

**行为描述**:明明3岁时开始进入普通幼儿园。一个月之后,老师找到明明的家长说,明明总是一个人待在一边,从来不参与老师组织的活动,对教室里摆放的大量玩具也不感兴趣。每当小朋友围坐在桌边玩玩具时,他总是自己单独待在一个角落里,手里拿着一辆从家里带来的小汽车,不停地来回划动着,长时间(有时一个小时)都不改变姿势。妈妈说,明明在家里也常常出现这样的情况。从什么时候开始出现的,她也回忆不起来了。明明3岁前一直由姥姥照顾,爸爸、妈妈并没有太明显的感觉,认为他与健全儿童没有什么不同,只是觉得这个孩子比较安静。仔细想想,大概从他2岁以后开始玩玩具时起,他的手里就总是有一辆玩具小汽车。平日里他并不缠着大人陪他玩。只要闲下来,他就会自己拿着小汽车在桌子、地板上或其他平坦的地方来回推动,乐此不疲。

**功能假设**:在老师的建议下,妈妈带着明明去看了医生,医生建议对明明尽快进行早期的干预治疗。当我们问到明明是否喜欢玩其他的玩具时,妈妈说,他几乎不喜欢任何其他玩具,

只是钟情于玩具小汽车。在了解基本情况后,我们准备了大量的玩具,请明明一起玩耍。同时,我们看了明明在幼儿园的录像和爸爸、妈妈带明明到各个儿童场所玩耍的录像。根据这些录像,我们对明明的行为做了仔细的观察和大量的记录。经过分析,我们基本了解了明明的情况。

明明与同龄的健全儿童相比,最大的差别是喜欢的玩具非常单一。他只喜欢玩具中的一个类型:小汽车。一般体积偏小,外形可以不同,玩法也非常单一,只是在他自己手臂可以够到的地方来回推动小汽车。不排除这是一种刻板动作,当然也不排除有视觉和触觉刺激的因素。

**解决方案:** 根据行为的功能分析,我们认为明明不能和小朋友一起玩耍的主要原因是他的兴趣狭窄。他对事物的感知很可能与普通儿童不一样。我们尝试从几个方面入手进行干预。

1. 我们首先介绍简单的拼图玩具给明明。因为我们发现,在众多的玩具中,只有把简单的拼图玩具给他时,他偶尔会尝试把拼块放好。于是,我们准备了一种简单的拼图玩具(如图),老师手把手教他把拼图一一放好。每当明明在老师的辅助下把拼板拼好时,老师都会立即把他最喜欢的小汽车玩具给他,同时用非常夸张的表情和惊喜的口吻表扬他:"明明真聪明,拼得真好。"经

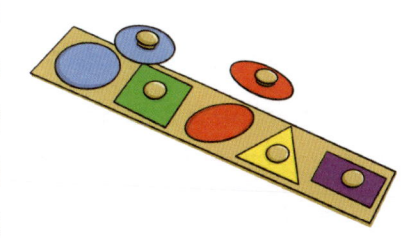

过多次的练习，老师开始尝试逐步撤除辅助，很快，明明就可以自己独立拼好拼板了。在之后很长的一段时间里，老师不断介绍新的玩具给他，如过家家玩具、医生工具箱、厨房用品、乐高玩具……同时，仍然要求他每天都玩已经熟练掌握的拼板，直至他自己主动去拿拼板玩。

2. 当明明开始主动寻找拼板玩具的时候，老师或家长拿走部分拼块，引导明明与他人互动。刚开始时，明明伸手去抢老师手中的拼块，老师就给他语言提示，教他说"给我"。经过一段时间的练习，明明可以主动运用语言提出请求了。随着他会玩的玩具种类的增多，明明的需求也在逐步增加，他的需求性语言也随之不断丰富。在与明明互动的过程中，老师不断调整和增加教学的内容，使明明的认知能力、互动或语言能力也有了长足的进步。

3. 随着明明的进步，老师开始在明明玩玩具的时候引入同伴。同伴的加入给明明带来很大的压力和焦虑。每当同伴靠近时，他总是带着自己喜欢的玩具躲开，偶尔才允许同伴靠近。这时，老师就会非常夸张地表扬、鼓励他。这样的鼓励渐渐产生了效果，明明不再介意同伴的接近了。老师开始在游戏中加入同伴，请明明和小朋友轮流拼入拼块，每当明明安静地等待同伴拼入拼块时，老师都会给他一个夸张的表扬，鼓励他继续努力。随着课程逐步深入，一年以后，明明基本可以参与同伴的一些游戏了，他开始喜欢与同伴相处，打打闹闹给他带来了快乐。虽然他有时还会对游戏和同伴进行选择和挑剔，但他基本可以听从老师的大部分指令，参加幼儿园的大多数活动了。

## 语言理解能力差

**姓名：然然　　性别：男　　年龄：7 岁半**

行为描述：然然在 7 岁时进入普通小学上学。在此之前，然然的爸爸、妈妈和幼儿园的老师并没有发现然然与普通小朋友有什么差别。只是觉得他在平时不像其他小朋友那么话多，与人交谈时语言也很简单，口语基本只会生活中表达吃、喝等需求的简单句子。进入小学一个月后，班主任及各科的任教老师一致反映，然然在课堂上注意力不集中，对老师的课堂提问基本不能回答。语文课、数学课的任课老师都及时约见了然然的家长，希望找到解决的办法。爸爸、妈妈和学校的老师开始给然然补课，但效果并不明显，期末时然然的学业远远跟不上课程进度。这时，老师建议家长带然然去医院，寻求医生的帮助。医生建议找专业的老

师对然然进行早期干预训练。

功能假设：然然的爸爸、妈妈带着然然找到了我们，我们详细了解了然然从幼儿园到小学的整个成长过程。通过对然然的评估（重点在指令执行、阅读理解），我们发现，然然对文字和数字的记忆能力超过了普通儿童。他已经认识大约两千多个汉字。在阅读的过程中，然然几乎没有丢字漏字的现象，阅读大段的文字非常流利。但在阅读之后，对于文章内容的提问，他基本不能回答，他总是低下头，轻轻地说："不知道。"问他是否记得阅读过的文字，他只能记住几个孤立的词。在评测过程中，我们还发现：然然可以说出他所熟悉的日常物品的名字，但对物品的属性、特征、功能和分类的认知很有限。我们还发现他在阅读一句话之后，只能记住其中的部分词汇，并不能对整个句子做相应的关联。这些认知的不足，明显影响了他对句子的理解。他无法从阅读的内容中得出一个结论、推断或预测。也就是说，他具备良好的文字阅读和拼写能力，但在阅读理解和语言运用方面表现出严重的弱点。口头指令的执行也是他的弱项。多年来，由于他的口语词汇和文字阅读能力都不错，所以家长和幼儿园的老师只觉得然然对很多指令听不懂，也不太爱说话，并没有意识到他与同龄孩子有太大的差别。直至进入小学，这个问题严重影响了他的学业，大家这才重视起来。

解决方案：根据对然然的测试与评估，我们决定采用专业老师、家长和学校老师同步教学的模式,统一制定教学计划,有针对性地给予然然系统的支持。

1. 提高然然对词汇的理解能力。他对物品的属性、特征、功能和分类的认知不足,因此,可将教学重点放在对日常物品的功能、特征及类别认知的扩展上。学习项目如:根据物品的特征(或功能、类别)指认物品。可以选择一些儿童已经能说出名字的物品图片,图片的个数可以根据儿童的能力选择。图片也要根据儿童的年龄、认知程度,选择合适的内容。开始时可以用四张儿童非常熟悉的图片,要保证其中三张儿童都可以根据特征、功能或类别进行识别,只有一张是待学习的项目。随着课程的进行,可以不断增加图片的张数,提高认知难度。

先把选好的图片放置桌面上,老师或家长提问:"四条腿的、棕色的、汪汪叫的是哪一个?"儿童找出棕色小狗的图片。如果儿童找错了,可以再次提问,并立即给出正确的答案,儿童只要复述出正确答案就可以了。然后,再次提问一个问题。如果这次儿童可以独立说出正确答案,就可以换一个活动(如请儿童站起来去拿一个东西给老师),再次重复之前的提问。如果这次儿童也回答正确,本日的学习就可以算是完成了。这之后连续三天，都要重复练习这一项目，直至儿童连续三天都可以独立地准确回答，这个学习项目就全部结束了。

2. 在帮助儿童提高对口语和文字的理解能力的同时，还要注意提升儿童的语言表达能力。这一部分的课程也可以由老师和家长同步进行。课程可以从对简单图片（物品）的描述开始，如儿童喜欢的玩具小汽车。由儿童自己拿着车给老师或家长讲。如果儿童只能说出"这是一辆小汽车"，老师可以做引导性的提问，如："汽车是什么颜色的啊？""汽车上有轮子吗？""轮子是什么颜色的？""有几个轮子？""汽车上面有车灯吗？""汽车上有门吗？""汽车里有人吗？"……随着儿童问答能力的提高，老师可以逐步减少提示，让儿童独立描述他们所看到的物品的细节，直至没有任何提示，儿童也可以将物品的主要特征描述得比较清楚。在这一环节的教学中，老师的提问可以根据儿童的能力增加或降低难度。当儿童表达能力有所提高的时候，可以引入描述难度更高的图片，如儿童喜欢的芭比娃娃。仍然从儿童独立描述开始，老师可以根据儿童描述的细致程度，给予不同难度的提问，以提示儿童注意到需要描述的内容。随着儿童描述能力的提高，老师逐步减少提示，直至儿童可以独立描述所看到的图片。

老师需要注意的是，在选择图片时，要预先评估儿童的语言理解和表达能力，以保证我们设计的课程与儿童当前的能力相符。之后的课程，可以根据儿童语言表达能力的提升程度，增加图片的内容，如：背景、场景、事件、地点、时间、人物……对于能力提升较快的儿童，还可以增加对图片内容的联想，如：根据图片中的人物及事件，联想出情景、声音、感情、事件发展预测等内容的描述。整套课程的设计一定要与儿童的基本能力相符，不可推进太快。还要与儿童日常生活的内容贴近，要注意培养儿童在日常生活中运用功能性语言沟通。比如，可以有意设置一些障碍，帮助儿童学习用语言描述所发生的情况和需要得到什么帮助，以提高儿童面对不同的突发事件进行语言组织与表达的能力，提高儿童运用语言解决问题的能力。

## 哭闹并使劲抓自己的手

姓名：佳佳　　性别：女　　年龄：4岁

行为描述：老师组织了"金锁银锁"的游戏，游戏内容是：

老师伸出手来，手心向下，小朋友竖起食指放到老师的手心里，当老师说到"金锁银锁，咔嚓一锁"的时候，老师会抓住小朋友的手指，没有被抓住的小朋友就胜利了。当佳佳和老师玩这个游戏时，每当老师抓到她的手指，她就会哭闹，并使劲抓自己的手。

功能假设：老师对佳佳的这种行为进行了功能分析，假设佳佳出现哭闹并使劲抓自己的手的前提是自己的手指被老师抓到了，说明佳佳承受不了失败的挫折，那么其强化物是没有被老师抓住手指，赢了游戏。为了验证这一假设，老师特意又玩了一次"金锁银锁"的游戏，故意不抓到佳佳的手指，而此时，佳佳没有出现哭闹并使劲抓自己的手的行为，而且玩得很开心。由此推断，佳佳出现上述问题行为的强化物是不被老师抓到手指，不能失败。

解决方案：

1. 经过了解得知，佳佳特别争强好胜，如果排队没排在第一的位置，那么上这一节课的状态都不好；在课堂上奖励的代币没有拿得最多，下课的时候也会出现哭闹的行为，而这些行为在她融入集体和同伴时会造成很大的障碍。所以要引导孩子学会理性的服从，学会控制自己的情绪，不要太在意挫败，也就是我们常说的"脱敏"。

2. 创造情境。同样是这个"金锁银锁"的游戏，不能因为她害怕失败就避免这个情境出现，就改变游戏规则。比如"锁住谁了谁就可以得到奖励、谁被抓住了就换谁来当锁"等,这样不固定的游戏结果,降低了孩子对输赢的敏感,更有利于他们体验游戏的快乐。

3. 故意让佳佳失败,当抓住她的时候,第一时间强化她"被抓住了,没有哭闹,太了不起了"的印象,必要时可以加入一些物质奖励。然后逐渐延长等待强化她的时间。

4. 通过进一步分析可知,佳佳的理解能力相对不错,在平时可以给她讲一些关于输赢的社交小故事,通过社交故事来教导她遇到这样的情况应该如何去做。

5. 对于佳佳的问题行为,要给其一定的适应时间,并逐渐把目标提高。只要儿童有了一点变化,就要及时去强化,并且强化物的效能要足够强大。只要坚持下去,佳佳的问题行为就会随着时间而逐步好转。